U0536771

"潇洒桐庐"富春山居文旅丛书
·第二辑·

书韵桐庐
——桐庐地方文化访谈录

张宇 主编

中国书籍出版社
China Book Press

图书在版编目(CIP)数据

书韵桐庐：桐庐地方文化访谈录 / 张宇主编. -- 北京：中国书籍出版社, 2022.7
ISBN 978-7-5068-9054-0

Ⅰ. ①书… Ⅱ. ①张… Ⅲ. ①地方文化-桐庐县-文集 Ⅳ. ①G127.554-53

中国版本图书馆 CIP 数据核字(2022)第 108483 号

书韵桐庐：桐庐地方文化访谈录

张宇　主编

图书策划	许甜甜　成晓春
责任编辑	成晓春
装帧设计	书香力扬
责任印制	孙马飞　马　芝
出版发行	中国书籍出版社
地　　址	北京市丰台区三路居路 97 号（邮编：100073）
电　　话	(010)52257143(总编室)　(010)52257140(发行部)
电子邮箱	eo@chinabp.com.cn
经　　销	全国新华书店
印　　刷	成都兴怡包装装潢有限公司
开　　本	880 毫米×1230 毫米　1/32
字　　数	155 千字
印　　张	5
版　　次	2022 年 7 月第 1 版
印　　次	2022 年 7 月第 1 次印刷
书　　号	ISBN 978-7-5068-9054-0
定　　价	48.00 元

版权所有　翻印必究

"潇洒桐庐"富春山居文旅丛书第二辑
编 委 会

顾　　问：汤燕君　陈伟琴　雷国兴　周建英
名誉主任：申屠群雄
主　　任：方姬宇
副 主 任：董晓华　何　璟　张　瑜　郑　农
　　　　　孙忠明　夏林青
主　　编：张　宇
副 主 编：刘　帅　章勤玉
执行主编：王　洁
编　　委：陈　萍　朱建云　顾红亚　俞小红
　　　　　曾冉祯　王哲豪　张吉玲　孙谢辰

序

钱塘江尽到桐庐,水碧山青画不如。

三吴行尽千山水,犹道桐庐更清美。

……

在古人眼中,桐庐的美不可名状。古往今来,桐庐以其秀丽的景致吸引了无数文人墨客流连于此。谢灵运、李白、白居易、范仲淹、苏轼、黄公望、康有为等一大批诗人画客都曾驻足于此,留下了三千多首描绘桐庐山水风光的诗词,以及传世画作《富春山居图》。正是因为丰富的富春江山水诗词文化,桐庐被文人雅士誉为县级山水文化最丰富、品位最高的地区,并获得了"唐诗西路"的美誉。

2020年新年伊始,一场突如其来的新冠肺炎疫情不仅打破了新春的喜气祥和,更是影响了原本早已计划周详的诸多工作。面对后疫情时代的严峻挑战,我们顽强的文旅人觉得这虽是危机但更是转机。于是，文旅系统立即启动思想破冰行动，掀起头脑风暴模式，推动发展突围，鼓励大家勇于担当，力争走出"舒适圈"，努力开辟新天地。

近年来，根据浙江省人民政府不断提出的"诗路文化带建设"相关指示和要求，我们桐庐文旅系统深知肩上的重任，自觉担负起诗路文化建设的先行者和主力军，利用现有的地理优势和历史积淀，努力挖掘富春江山水诗词文化，深层研究"诗词文化"和"药祖文化""隐逸文化"三大文化品牌，利用数字技术，抢抓"云端"机遇，将"潇洒桐庐郡"的美誉通过互联网传播四方。由此，"'看一本书·游一座城'桐庐名家带你走进桐庐"系列直播活动应运而生。

线上"桐江人文讲堂"在2020年版破茧而生——"'看一本书·游一座城'桐庐名家带你走进桐庐"系列直播活动以弘扬诗词文化，弘扬桐庐"唐诗西路"文化为主题，每期邀请一名县内知名专家或学者为主讲人，围绕他们各自出版的一本书籍内容，结合各自最擅长的文化领域，以线上直播方式，带领广大观众游览这座国际花园城市——桐庐。期间，研究桐庐古诗词的五位名家先后做客直播间，分别是董利荣、王樟松、吴宏伟、周保尔和李龙五位老师。他们以桐庐古诗词为切入点，一一剖析桐庐的茶、画、碑、民俗、桐君山等特色文化，用最精妙的语言阐述历代名人写给桐庐的山水诗情。直播分别设置名家故事、互动问答、作品展示等不同环节，以面对面座谈的形式，让观众在荧幕前与视频中的老师留言互动，使其在了解桐庐诗词文化，饱餐精神食粮的同时，进一步爱上别具一格的桐庐；同时，也可以把不一样的桐庐特色文化宣扬出去，擦亮"潇洒桐庐"这块金字招牌，吸引国内外观众前来桐庐游玩，促进桐庐旅游发展。五期直播反响强烈，据不完全统计，共吸引6.7万的国内外观众在线观看。此外，"搜狐网""文旅中国"等各大媒体及网站也对直播进行了宣传和报道。这些文章对推介潇洒桐庐发挥了积极的作用，不少海内外游客慕名而来。

随着"'看一本书·游一座城'桐庐名家带你走进桐庐"系列直播活动的落幕，为让海内外观众走进桐庐，了解桐庐，进一步宣传桐庐的文化和旅游，每一期的直播录像也随即跟进，上传至互联网，方便后续源源不断的人群关注桐庐文化。

为综合发挥此次直播活动的宣传效应，我们将五期直播从前期策划，到现场直播，再到后期反响的资料汇编成册——《书韵桐庐》正式出版，并列入由桐庐县文化和广电旅游体育局推出的"'潇洒桐庐'富春山居文旅丛书"第二辑，以充实富春江诗词与桐庐旅游相关的诗路文化专著系列丛书内容。

是为序。

桐庐县文化和广电旅游体育局
2021.11

目录

富春江镇茆坪村 / 005
访谈 / 诗与茶 / 009

江南镇深澳村 / 037
访谈 / 诗与画 / 040

富春江镇石舍村 / 063
访谈 / 诗与碑 / 066

莪山畲族乡莪山民族村 / 091
访谈 / 诗与民俗 / 093

桐君山 / 121
访谈 / 诗与桐君山 / 124

后记 / 143

茆坪村全貌

茆坪板龙

直播现场工作场景

直播现场

003

直播互动

"看一本书 游一座城"桐庐名家带你游桐庐——《诗说桐庐》新书线上推荐

文旅中国 骆蔓 2020-05-06 原创

活动直播访谈中

　　5月4日下午2点，由浙江杭州桐庐县文化和广电旅游体育局主办，桐庐县图书馆、桐庐舞象文化传媒有限公司承办的"看一本书 游一座城"桐庐名家带你走进桐庐系列活动（第一期）《诗说桐庐》新书线上推荐活动在桐庐县富春江镇茆坪村文昌阁内举行。本期直播活动的嘉宾是现供职于桐庐县人

文旅中国推文

富春江镇茆坪村

茆坪村，是浙江省杭州市桐庐县富春江镇下辖村，位于桐庐县西南、富春江镇东南、芦茨（白云源）溪流域的大山峡谷中段。总面积29.1平方千米。其中，山林面积35908亩，土地面积783亩。人口1263人，70%为胡姓。现为富春江乡村慢生活体验区的主要村落（节点）之一。2019年1月，茆坪村入选第七批中国历史文化名村。2020年3月，茆坪村被浙江省乡村振兴领导小组办公室认定为2019年度浙江省善治示范村。

茆坪村自宋元之际建村，至今已900余年。它三面环山，一条卵石铺筑的古道自北向南穿村而过，这是古时桐庐通往浦江、义乌等地的一条商贸之道。村口古树苍天，溪水绕村而过，山清水秀，民风淳朴，文人墨客多次来村写生，现有保存完好的"文安楼""胡氏宗祠"等一批明清时代的古民居建筑。

900年前的茆坪，始有人居。宋元间芦茨胡姓迁此后，繁衍成大族，遂雅化成今名。古时，深居大山的村民靠山吃山，以烧炭、卖炭为业，经炭致富。后修马岭古道，成为过往旅客的必经之路。村中有灵古寺、百步街、仁寿桥、黄连古树群、村口隘道、胡氏宗祠、东山书院、万福桥等古迹。历经数代村民不懈创业，明末清初的茆坪已是浙西地区兴旺的村落之一。现在又出现了一些户外远足探古的人们，他们走进自然，享受原汁原味的户外生活，探究这里曾经的繁华。他们在青山碧水之间，用自己的脚步叩响古村落，找寻古村寄存的珍贵历史记忆，触摸地方文化的深厚积淀，抒发对远去历史的景仰和缅怀。在他们眼中，这才是古村最吸引他们的，也是古村最美的所在。

村内的仁寿桥、马岭驿道、胡氏宗祠、东山书院、五朝门、万福桥等一批古建筑、古路桥，在历经沧桑后保存依然良好。

仁寿桥是马岭古道上的桥梁之一，是茆坪村西侧入口的标志。由于资金拮据，最初的仁寿桥用造价低廉的大树作梁、木板作面。但就是这样一座木质便桥居然走了元、明、清三代。直到1922年，茆坪村绅士仇苐伯，别号"长寿先生"，见木桥易损，便独自筹集资金，改木桥为永久性的石桥。桥名"仁寿"，出《论语·雍也》："知者动，仁者静；知者乐，仁者寿。""曙色当窗梦不成，皮衣策仗小桥行。禅房未见双扉启，但听钟声杂水声。"《仁寿桥听钟》说尽了这仁寿桥的美景。

胡氏宗祠位于古树参天的村口，坐北朝南，西与五朝门相连，总面积逾1800平方米。宗祠灰墙黑瓦，建筑形状呈长方形，上中下三进。第一进已用作老年活动室，墙上挂满了"老有所为 老有所乐"的现代书法条幅，但高处仍挂着茆坪精神象征的匾额——振德堂，表达着以德处世的家风。中进高悬清朝皇帝钦赐的"平寇"有功的圣旨仿件（原件毁于"文革"），后人可以从风貌逼肖的模拟件中了解到封建朝代的圣旨文化。第三进已改为戏台，成为茆坪人享受各种文娱演出的精神乐园。历经岁月的洗礼，尤其是多次维修改造，宗祠与初建原貌已有很大差异，但清代建筑风格仍部分保留下来。可惜宗祠门前画有狮子图的照壁已荡然无存。1990年，叶浅予先生来茆坪写生，就曾以小时游茆坪被照壁上的狮子吓了一跳，并领悟到狮子的吓人就在于眼睛传神的故事来教导他的学生。

文安楼大门以条石门框为中心，通过贴塑等手法构筑得既像城楼又似牌坊，构思巧妙，风格别致。楼房的东南方向，从二楼开墙伸出一个"望月台"，可一览山村安逸秀美的自然之景。1926年前后，康有为游此楼，誉称"江南第一农居"。由于楼房建筑气势豪华，功能俱全，环境优美。而且楼主胡儒艺热情好客，文安楼成了许多名人大师，外来宾客的钟情之处。新中国成立前夕这里曾作为金萧支队江东联络站。1960年代，中央及省市领导多次来芦茨考察，均在此休息用餐。著名导演谢晋对文安楼更是情有独钟，接连在此拍摄了多部影片。

"天下有水也有山，富春山水非人寰。"茆坪村概括起来主要有九大特色：一树，二水，三田，四院，五路，六桥，七庙，八祠，九楼。作为美丽乡村精品村创建单位，面对前人留下的历史遗产，按照新农村建设的相关要求，茆坪村力图把这里建设成为"县内最美村、杭州市优秀村"。当前，茆坪村结合芦茨慢生活体验区建设，也在不断完善规划、细化设计方案，避免重复建设；以"景区"理念、"画城"定位，构建美丽乡村规划体系，积极打造沿江沿路沿线美丽乡村建设和统筹城乡发展示范带。

诗与茶

主 讲 人：董利荣
推荐书目：《诗说桐庐》
时　　间：2020年5月4日
地　　点：富春江镇茆坪村

访谈

叶　莉：一千五百年前的某个春日，安吉人吴均，畅游了富春江，被两岸的景色迷住，自富阳至桐庐的一百来里水路，如刀刻般印在他脑子里，朱元思呀，那景色，我给你形容一下吧，八个字：奇山异水，天下独绝。我们，从流漂荡，任意东西。现在，我读完董利荣先生的《诗说桐庐》，也正和吴均一样，在桐庐的诗海里，顺着诗流漂荡，任文字自由往东往西。我也要将满心的欢喜与您分享。虽然我不是吴均，可您就是朱元思。

叶　莉：观众朋友大家好，欢迎收看"'看一本书·游一座城'桐庐名家带你走进桐庐"系列活动。刚才我念的这段文字，其实是一位作家为一本书写的序言，他把这本书的观感，比喻成了1500年前诗人吴均看到富春江的叹为观止，同时，又把这本书比喻成了桐庐诗词的海洋。仅凭这段序言，大家是不是就有些好奇，这究竟是一本什么样的书呢？这本书的名字叫做《诗说桐庐》，它也是"'潇洒桐庐'富春山居文旅丛书"第一辑中的一本。今天，它的作者就坐在了我的身边。就是我们桐庐作家、桐庐文史研究专家，董利荣老师。董老师下午好。

董利荣：叶莉好，下午好。

叶　莉：跟观众朋友们打个招呼吧！

董利荣：观众朋友们，大家下午好！

叶　莉：嗯，刚才已经说了这本书，其实我们也知道，刚才那一段序言，其实是您的一位朋友为您写的。

董利荣：对，他就是我们桐庐籍著名作家、鲁迅文学奖得主——陆春祥老师给我这本书写的序言。这次来参加这样一个直播活动，我感到非常高兴。本来呢，这个时机应该是没到，因为这本书要到"519"……

叶　莉：五月十九号。

董利荣：也就是"全国旅游日"的时候才会正式到。

叶　莉：这是一本新书。

董利荣：一本新书！当时文旅局的领导跟我联系，说想要搞一个直播活动，我是有顾虑的。但是后来说这是"百姓日"的一个云上活动，那我想，"百姓日"是我们桐庐人民自己的节日，能够为"百姓日"出一点力，参与这个活动也是挺好的，所以我也就来到这里。

叶　莉：对！我们今天特别选择在芦茨茆坪村的文昌阁乡村生活书吧，通过同乐汇平台的网络直播，由作家董老师带着我们的观众朋友线上先预览一下《诗说桐庐》这本书的精彩部分，稍后董老师还会分享一些这本书创作背后的故事。

董利荣：其实这本书呢，也并不是说为了写一本书而写的，是多年文章的积累。我研究富春江古诗词几十年，特别是最近的这十几年来，陆陆续续写了一些文章。这些文章大都在市级以上刊物发表过，比如我们《今日桐庐》里的文章都在浙江的《钱塘江文化》《浙江水文化》，以及《人民日报（海外版）》上发表过。

叶　莉：嗯。今天我们是通过同乐汇线上直播，所以大家还可以通过同乐汇的这个直播平台，在我们的直播间当中，跟我们聊天来进行互动！我来看一下，现在已经有3010人正在收看我们的直播，观众朋友如果说有什么样的问题想跟董老师交流，都可以在我们的直播间留言。今天我们在直播当中还会跟大家进行互动，赠送有董老师签名的这本新书给大家。那董老师，您能不能先跟我们观众朋友介绍一下，这本书主要是写了什么呢？因为如果说仅仅看这个题目的话，可能会有人认为您是出了一本诗集来赞美桐庐的。

董利荣：这本书其实是一本诗话随笔集，广义地说相当于是散文，但其中也有对诗歌的一些评论和研究，说它是古诗词的评论集也可以。这样的书，历史上也很多，比如最有名的像王国维的《人间词话》。我们都知道，写桐庐的古诗词有几千首，这么多古诗词，我们平常是不可能读那么多诗的。三十年前，原来宣传部的申屠丹荣老师编过一本诗集，很厚很厚的一本，叫《富春江名胜诗集》，总共选了1003位诗人的2072首诗作。我相信，一般的人，都没有全部通读过这些诗，但是我呢，不仅通读了这些诗，对个别诗还作了深入的研究。本书中陆春祥所作序里面讲这本书是诗歌海洋，而我在后记中，也讲桐庐的古诗词就像一座矿藏，有待我们去挖掘去发现。其实我就是做了一个这样的挖掘者的工作。把里面的一些精华的东西挖掘出来，通过加一些另外的材料，用我自己的语言把它雕琢成一篇篇文章。而本书就像一个小型的展览馆，或者说一个博物馆一样，把这些作品集中在一起展示给大家。就这样一个意思。

叶　莉：我想，如果一位古诗词爱好者他去搜集关于桐庐的几千首古诗词，或者他已经收集到了，然后一口气去阅读、学习这几千首古诗词，可能相对来说会枯燥，甚至会视觉疲劳。那您有这样的感受吗？我发现，在书中您不仅给我们选择了一些精彩部分进行了归类，并且也进行了一些鉴赏解析。

董利荣：对，相当于我把大家要进行分析研究的这些时间都省掉了。其实说说很容易，一本书，大家拿到手，如果稍微一翻，一两天可能就看完了。但是你要写这样一本书，那是要有大量的阅读的，几乎就是把自己的业余时间都耗在阅读和查阅资料上面。

叶　莉：对，也可以说从认识我们桐庐古诗词到目前为止，您在古诗词这方面耗费的心血，把精华奉献给我们读者了。

董利荣：是的，能不能得到大家的认可，那还要靠读者评判。

叶　莉：对，今天我们会在我们直播当中，给大家介绍一些我们这本书当中的精彩部分。非常有幸拿到了这本书第一版的校对稿，我看了一下，它是有四个篇章："桐江诗论新说""诗中寻味觅色""走进诗人诗作""品诗词游桐庐"。这样的编排，有什么样的讲究和用意吗？

董利荣：是这样，这本书第一辑"桐江诗论新说"，是比较完整的几篇，相当于是论文，比如说《"唐诗西路"话桐庐》《桐庐，我国山水诗的发祥地》《再谈桐庐是中国山水诗的发祥地》和《"钱塘江唐诗之路"初探》，以及《从范仲淹的诗看北宋时桐庐郡茶事之盛》，这5篇文章是学术性比较强一点的论文。第二辑"诗中寻味觅色"，就是纯粹的诗话随笔，还是比较轻松的。1996年，我在《桐庐报》推出的一个专栏"桐庐与山水诗"上发了一组文章，后来这几年又陆陆续续写了一些。比如讲诗歌当中的春夏秋冬啊、晴雨雾雪啊、风物美味啊，这些文章还是很受欢迎的。第三辑是"走进诗人诗作"。刘禹锡的《西山兰若试茶歌》中有两句"炎帝虽尝未解煎，桐君有篆那知味"。我是从这句诗里面发现一个点，写过一篇文章叫《桐庐是我国茶文化的发祥地》。原来毛溪浩书记在（桐庐）的时候，就把它用在电视台的广告语中，其中有一句"桐庐是中华茶文化的发祥地"就是从这里来的。而且我这个观点后来还被杭州茶文化研究会采纳，收入他们出版的《杭州茶文化发展史》当中。我的一组文章，像写范仲淹《潇洒桐庐郡十绝》等都收在这里面。另外，还包括写方干的，写王阳明的，等等。第四辑就是对某一首诗的赏析，我选了二十来首诗，这些诗有写桐庐的、写富春江的、写严子陵钓台的、写桐君山的。这就是这本书分为4个部分的原因。

叶　莉：那么是在什么样的一个背景，或者是在什么样的想法的基础上，您会在这个时间段里面，把你数十年来的文章集中地编排修改，编成一本书的呢？

董利荣：其实我当初写这些文章，并不是说想要编成一本书。但后来汇集成书有两个因素：一个是去年县里邀请浙师大诗路文化研究院来给我们桐庐编制这个桐庐的诗路文化带的发展规划，我受邀参加了好多次座谈会，给他们提供一些资料，也去浙师大考察。浙师大的几个教授听了我的一些情况介绍以后，很感兴趣，特别是有一个首席教授还跟我加了微信，现在还都有联系。他们也从网上发现了我的这些文章，问我说为什么不编一本书。不过我当时都还没这样的考虑。二是2020年，袁家军省长在几次省人代会上都提出要打造诗路文化带，把诗歌纳入到诗画浙江大花园建设当中去。我们文旅局很重视。打造诗路文化带，而桐庐是一个重要的节点，所以县文旅局准备要推出"潇洒桐庐富春山居文旅丛书"，并将我的这本书作为一个首推的作品。我也很乐意。我说我无偿提供这样的一个文稿，并不是为了稿费什么的，就只是为诗路文化带建设作一点贡献。

叶　莉：可以说您数十年来的积累，再加上我们现在的时代背景，便促使了这本书的诞生。

董利荣：是的。

叶　莉：刚才我们说到这本书有四个篇章，您有没有特别喜欢的某一个篇章或者某一篇呢？

董利荣：比较起来，我比较喜欢第二个篇章。

叶　莉：我也是最喜欢第二个篇章了。

董利荣：我在写这个篇章的过程当中，感觉特别轻松。例如写《历代诗人对桐庐山水的评价》，我是从吴均的"奇山异水天下独绝"八个字开始的。我认为这就是一个对桐庐山水的标志性评价。从这个以后，很多诗人就这样类似的句子有很多，比如说"桐江山色天下无"，"富春山水非人寰"，就不是人间所有的啦，这个都是天下独绝的。不是人间所有的那哪里有呢，就天上的仙境里有。

叶　莉：我其实是在读这本书的时候，差不多从 70 页就开始了不能自拔的、连贯的阅读。您在写作的过程当中，有没有也有这样的情况，就是不顾一切外界的影响，奋笔疾书一气呵成的呢？

董利荣：没错，写这几篇文章时我几乎都是一气呵成。当然前期在阅读的过程中有归类，比如说写桐庐山水诗当中的夜景，就要把相关夜景的这些诗去找出来。再比如说我写到的这个"山水诗中的山水之城"，因为大家都知道现在的桐庐县城，当然江南这么大，以前就是江北这么一个 5.48 平方千米的一个小块地方，两江交汇，后面是山，所以桐庐的古城，以前既是一座山城，也是一座江城。这样的诗句在历代诗词当中非常多，我就把这些写桐庐城的山水之城特点的诗找出来。再比如说桐庐山水诗中的著名建筑物，比如桐君塔、桐君祠、严先生祠堂、清芬阁，等等，我也把它们找出来。

叶　莉：甚至还写到了合江亭。

董利荣：是的，写到了合江亭这个地方。所以这组文章，切口比较小，但我认为，总体还是很值得一看的。

叶　莉：这些一气呵成的文字，其实我觉得是基于您对家乡的热爱。

董利荣：那是肯定的。

叶　莉：然后再加上您的厚积薄发。

董利荣：因为我对桐庐一直是爱入骨髓的。

叶　莉：爱入骨髓，您在篇章写到了。我用通俗一点的语言是从吃喝方面体现的。

董利荣：对，风物美味、晴雨雾雪。

叶　莉：甚至是玩。

董利荣：春夏秋冬。

叶　莉：就是旅游，四季都有。

董利荣：说到旅游，其实我觉得有一篇文章也很有意思，就是《从山水诗看古代桐庐旅游》。

叶　莉：嗯，您也提到一个观点，就是咱们桐庐就是中国旅游文化的发祥地。

董利荣：对，这个其实也是一个新观点。

叶　莉：您这个观点是从哪些诗当中而来的呢？

董利荣：最典型的就是白居易的这首《宿桐庐馆同崔存度醉后作》，"江海漂漂共旅游"句里"旅游"这个词语。

叶　莉：旅游这个词已经在那个时候出现过。

董利荣：就是，旅游这个词，在唐朝以前就已经出现过。而且唐诗当中提到旅游的也还有不少，贾岛有一首诗的题目就叫《旅游》。但是真正把旅游这两个字跟一个地方相关联的，我认为就是白居易。因为题目就是《宿桐庐馆同崔存度醉后作》，而且里面提到旅游这两个字。

叶　莉： 咱们桐庐向来都是拥有奇山异水，再加上以前曾经也是交通要道，然后再有严先生的这个风范，有很多的后辈会来凭吊他，所以从那个时候起就一直就是游览圣地了。

董利荣： 就是。2015 年，浙江省诗词与楹联学会，授予我们桐庐"唐诗西路"这块牌子的时候，他们叫我当场讲一讲。于是，我提出一个很有意思的题目，就是"桐庐山水与诗歌、酒和茶的关系"，然后进行了一个简短的即兴的演说。其中，我就讲到桐庐为什么会留下那么多诗作，包括后来我写《"唐诗西路"话桐庐》里面也有提到，我讲主要有三个"独"：第一个就是奇山异水天下独绝的自然风光。第二个就得天独厚的水上交通，因为以前不像现在，桐庐都通高铁了，高速公路也是四通八达。以前就是靠水路的，而桐庐境内的有两条江，大家都知道，一条富春江，一条分水江，这两条江以前都是通航的，分水江一直从於潜（镇）那边，也都有客船到桐庐、到杭州，所以相当于以前的两条高速公路。第三个就是我最早用的一个词语，就是独一无二的钓台古迹。后来我又把这个词语修整了一下，独领风骚的钓台古迹。就是我们一般讲中国有十大钓台古迹，如姜子牙钓台啊等等，但是桐庐的严子陵钓台毫无疑问是排第一位的，所以讲它独领风骚是一点都不为过的。有一次电视台也找我来,我还加了两个"独",一是留下来的独具特色的古诗词,二是当时有个真正独一无二的睦州诗派。

叶　莉:那么,也是以山水诗为主。

董利荣:对,以山水诗为主。所以桐庐这样一方宝地也孕育了深厚的诗词文化。

叶　莉:刚才提到了,就是您刚才说第二篇章。董老师您说是切口比较小,那里面有很多非常细的一些点。刚才我们说了有四季啊,有吃喝啊,还说到了有茶,那跟桐庐有关的一些茶的诗句,您觉得现在随口可以提起的有哪些?

董利荣:那太多了。最典型的那就是范仲淹《潇洒桐庐郡十绝》当中其中第六绝,我想我们桐庐人都耳熟能详。

叶　莉:都会吟。

董利荣:就是"潇洒桐庐郡,春山半是茶。新雷还好事,惊起雨前芽"。我印象当中,桐庐不知道哪一家茶叶公司出品的茶叶包装盒上就是印着这首诗。

叶　莉:今天我们坐在这么得天独厚的俊美的山水环境当中聊的是诗词,并且刚才又吟咏的是那么绝美的关于茶的诗歌,我就忍不住想要说,吃茶去吃茶去。您平时爱喝茶吗?

董利荣:当然喜欢,我现在写文章的时候可以说是离不开茶。

叶　莉:我们今天就在芦茨,所以我们来品一品芦茨红好不好？

董利荣：非常好，非常好。

叶　莉：接下来，我们也请到了来自和轩茶舍的茶艺师吴曼，来给我们来泡一壶芦茨红。董老师，我们先来看一下这个干茶。其实我们大家可能都知道，茶叶采摘的标准应该是一叶一芽，那么应该说比较高端的就是一芽。这款茶的这个标准就是以一芽为主。这个芦茨红，它其实选取的是高山的云雾茶，并且是我们当地云雾茶的鲜嫩的嫩芽。这个茶，干茶茶叶是非常细紧卷曲的，乌润并且呈现出一种金红色，闻一闻的话感觉有一点淡淡的奶油甜点的味道。好，那接下来给我们泡一壶芦茨红吧。茶叶倒进盖碗里的这道工序叫摇香，意思是让闻一闻味道吗？

吴　曼：你可以闻一下它的热手香。

叶　莉：我感觉有股花香。

吴　曼：蜜香花香。

叶　莉：不需要洗茶吗？

吴　曼：因为这茶采用的是非常鲜嫩的一芽，所以第一泡是可以喝的。

叶　莉：它都是嫩芽，所以它的第一泡，应该也是没有问题。

吴　曼：对。

叶　莉：可以喝。

吴　曼：对。

叶　莉：我们来看一下这个汤色非常的清透，是琥珀色。

吴　曼：对，琥珀色。

叶　莉：我可以看一下底叶吗？

吴　曼：可以的。

叶　莉：叶底来看一下，拿一粒来看一下。第一泡的叶底啊，非常的柔软，就是用手也能够感觉它的细嫩，而且还是非常有弹性的，来，董老师您闻一下看，是不是有一股花香？

董利荣：对。

叶　莉：是有一股花香，刚才我们茶艺师给我们介绍了，她说这是一股蜜香花香。请董老师品尝一下这第一泡的芦茨红。

董利荣：说到芦茨红，就是卢心寄老先生开发以后，我记得那一年他获得金奖以后，我受他之邀去品过。完后我还写了一篇文章，叫《五品文化名茶芦茨红》。

叶　莉：五品是哪五品呢？

董利荣：首先就是可目；其次是闻，可鼻；然后是喝，可口；在喝的过程当中，可以聊刘伯温与茶的故事，就是可心；最后喝了这个茶以后，会感觉到五脏六腑特别舒服，那就可人。共五品。

叶　莉：今天喝了我们刚才茶艺师给我们泡的第一泡，您有怎样的口感？

董利荣：很香醇。

叶　莉：香醇，是口齿留香的这种感觉。好，今天也要特别感谢来自和轩茶舍的茶艺师吴曼。其实我们桐庐的一些名茶的名字，我觉得取得都很有学问，很有讲究，像刚才的芦茨红，让大家还没有喝就能够想到它的汤色。还有雪水云绿、天尊贡芽这些茶名，我觉得仅仅是听这些名字，就让人觉得很惊艳。

董利荣：对！讲到这个，我不否认这些名字都取得很美，也很有诗意。但可能太有诗意了，我在前些年写的《桐庐与茶》一组文章里面，也谈过一个观点，我们的一些名字最大的遗憾就是没有很好地跟桐庐地名结合。

叶　莉：没有和地域结合。

董利荣：你看像安吉白茶。

叶　莉：西湖龙井。

董利荣：西湖龙井。

叶　莉：黄山毛峰。

董利荣：黄山毛峰、开化龙顶，等等。这是一个很大的遗憾。

叶　莉：如果说它以地域、地名来命名的话，可能对于我们这个地方的推广会更加有力度和帮助。那茶叶可以算是一个文创产品吗？

董利荣：茶叶，文创倒不是，茶叶就是一个产品。但是第一个起名，第二个茶叶包装，那就是一个文创产品。打比方说，包装上印上一首诗歌，那就变成了文创。我举个简单例子，就是范仲淹写酒。在他的《桐庐郡斋书事》这首诗里有句"杯中好物闲宜进，林下幽人静可邀"。我有一年在苏州，跟一个开会的时候

(认识的)从事范酒开发的人念起了这两句诗。结果他说你马上写给我,我要用它。后来他的这个酒的包装上用上了这两句诗,这就是文创。

叶　莉:其实今天在我们的身后这个书架上,我们也可以看到,其实有很多这个都是跟咱们桐庐有关的文创产品。

董利荣:对。你比如说这个笔筒,上面就是刻了范仲淹的"潇洒桐庐郡,严陵旧钓台。江山如不胜,光武肯教来"。这就是文创。还有这个笔搁,放下来可以作为笔搁,然后这样放又是一个摆件,也用了范仲淹的《潇洒桐庐郡十绝》中的诗句。

叶　莉:所以,文创还是要和我们古诗词文化进行一个很好的结合。好,我们来看一看我们的直播间里有没有朋友来跟我们进行一些互动?

董利荣:欢迎我们观众朋友大家一起互动。

叶　莉:对。我们今天是通过同乐汇的这个平台来进行直播的,大家如果说有想要互动的问题,都可以给我们进行留言。现在一共是有5382人同时在线收看我们今天的直播,有很多朋友给我们发来了他们的感想,并且他提出了一些问题。有一位名叫"吹空调的鱼儿"的朋友留言说,"董老师,您这本新书一共收入了多少首桐庐诗词"。

董利荣:嗯,这个确切多少首没数过,大概有一百四十多首,但是单句的话,那就是大概有三四百句。

叶　莉:嗯,他说这样的选择分类是出于一个什么样考虑呢?

董利荣：就像刚才说的，我选择这样的归类，很多是基于对诗歌的理解。读者如果把诗歌归类的话，就可以从中取精选优。对于桐庐的诗词，我一直有这样一个观点，并不是说把几千首都要去读，一般人是不可能的。我记得前年为了创建"中国诗歌之乡"，县文联想编一本书，桐庐报每天发一首，也就只发三百来首，结果挑来挑去挑不出。也就是说，在这么多里面选三百首（具有代表性的）都感觉到很难。所以说不在于多而在于精，真正的把精华选出来。当然我也不是说我这本书里面把所有的精华都选了出来，挂一漏万那是肯定的，还有个人的眼光的问题，以及选择角度的问题。但是我相信，对桐庐古诗词接触得不多的读者，读了我这本书，可以对桐庐古诗词的基本的情况有大致了解。

叶　莉：嗯，相信收看我们今天直播的朋友，已经可以感受到了。我觉得范仲淹和他的《潇洒桐庐郡十绝》，其实对董老师来说，是印象非常深刻的，并且也是喜欢到骨髓里头的。对吗？

董利荣：嗯！这么说吧，对于这一组诗呢，我以前也零零碎碎地接触过，但是真正对它进行深入的研读是在 2009 年。当时为了写《范仲淹与潇洒桐庐》这本书，我对每一首都进行了深入的研读。到现在，已经上百遍都不止。正因为这样，我对这一组诗才不断地有新的认识。2009 年是对它的一个赏析，2014 年写了《范仲淹〈潇洒桐庐郡十绝〉美学价值的探析》，10 月，在苏州大学第五届中国范仲淹国际学术大会，做了一个交流，当时也还是很受欢迎的；2018 年第七届时，我写了《从〈潇洒桐庐郡十绝〉看范仲淹的社会观》；前不久，我又写了一篇《千年之前范仲淹笔下的美丽乡村》。这些文章就都是从这十首诗里面延伸来的。

叶　莉：这些文章在《诗说桐庐》当中，也都收录了。

董利荣：对，全部都在这个书里面。

叶　莉：好，董老师，我们接下来继续进行直播间的互动。就是将您写的《宋朝有个范桐庐——范仲淹和潇洒桐庐》这本书，送给我们线上的观众朋友。其实我们还是要给大家一个小小的门槛，就是大家能够回答出我们提出的问题。这个问题其实很简单，凡是读过《潇洒桐庐郡十绝》的，我想都能够回答出来。问题就是范仲淹的《潇洒桐庐郡十绝》是写在一年当中哪个季节的？我们会选择回答正确的前 10 位朋友赠送礼品。我们再来重复一下这个问题，范仲淹的《潇洒桐庐郡十绝》，他是写在一年中的哪个季节呢？答对的前 10 位朋友，将会得到董老师现场签名的这本书。请大家在直播结束之后，关注桐庐县图书馆的公众号，领取的具体方式包括获赠书的读者的名单，我们都会在上面公布。有好多朋友回答，有回答夏季，也有回答春季的。为什么会有人回答夏季呢？

董利荣：要说范仲淹这一首诗说确切写于哪个季节，也不好界定。当然春季肯定没错，为什么呢？春山半是茶，本身就有一个春字。但其实这组诗是有一个时间跨度的。

叶　莉：跨度？他在桐庐待得有大半年的时间啊。

董利荣：从到达这里到离开正好是 6 个月。算上路上走的三个半月，他从出任我们桐庐郡睦州，到离开共 10 个月的时间。在这个 10 个月的时间当中，他其实做了很多的好事实事，包括修建严先生祠堂并写了一篇记，建了龙山书院，二访方干故里，甚至也有在郡府所在地，也就是现在的建德梅城修建江堤，等等。当然春季可以作为首选，是对的，但其他也可以看看，或者我们还可以设计一个另外的题目问问。

叶　莉：董老师今天也是告诉了我们一个比较确切的说法，就是范仲淹是在我们桐庐其实是待了 6 个月的时间，不仅写诗还做了很多实事。我们这样，那我们就选答春季的这前 10 位朋友。有的朋友回答夏季，但是大部分朋友回答是春季。这就像董老师刚才说到的，其实人生的阅历不同、人生的经历不同，可能对诗的见解理解也会发生一些不同变化。这就在您自己的身上也会有体现。

董利荣：那是肯定的。就是我刚才举的一个例子，对于范仲淹的这个十首诗，其实我也是有个认识不断丰富不断升华的一个过程。

叶　莉：好，那我也对我们这个直播间的留言进行了截屏。截屏我们会在桐庐县图书馆的公众号上进行公布。我们给大家看一下这本书《范仲淹与潇洒桐庐》。待会儿，在每一本书签上您的名字。

董利荣：好的，没错。

叶　莉：好，那稍后我们还将会进行第二轮的互动，第二轮的互动会送出今天的主角。我们还是来继续看看直播间里面的问题。有一个朋友就说:"您在读诗词的过程当中,会不会觉得就是跟古人情感的一种对话,就是一场穿越古今的隔空对话,会有吗?"

董利荣:那肯定会有。

叶　莉:和谁?

董利荣:这个太多了。

叶　莉:太多了?

董利荣:比如说历朝历代的诗人。因为这么多诗,有很多诗,我是特别喜欢的。范仲淹当然是一个例子。再比如韦庄的《桐庐县作》中"钱塘江尽到桐庐,水碧山青画不如",这首七律的前两句。我写过一篇文章,里面就有"桐庐诗词金句赏读"。我是把它称之为金句王的。

叶　莉:我们还是再来回答一下刚才那位观众的问题,就是您有没有和古人进行过情感对话?是一种什么样的对话呢?

董利荣:有。我有一篇文章里面就写到历代诗人对桐庐山水的评价,评价很高。比如说范仲淹写"潇洒桐庐"这四个字之后,不管是潇洒桐庐郡也好,潇洒桐庐县也好,后人就开始广泛引用。比他稍后的就是南宋的杨万里,也是很有名的。讲起杨万里大家可能有的不一定了解,但是我讲一首诗,写西湖的,就是:"毕竟西湖六月中,风光不与四时同。接天莲叶无穷碧,映日荷花别样红。"作者就是杨万里,"南宋四大家"之一的杨万里还有一首诗就是："潇洒桐庐县，寒江缭一湾。朱楼隔绿柳，白塔映青山。"还有一首很有名的，现在很多人把它搞错，就是元代叫俞颐轩的，这首刻在桐君山的石壁上。

叶　莉：第一句也是潇洒桐庐郡。

董利荣："潇洒桐庐郡，江山景物妍"。很多人说"潇洒桐庐郡，江山景物妍"是范仲淹的诗，错了，尽管这两句诗写得非常好，但仅仅是受范仲淹的启发而写的。还有清朝有位诗人也写下了"桐庐最潇洒"。所以我在文章里说，我读了这首诗，仿佛看到有位古人对着我竖了个大拇指说："哟！你们桐庐最潇洒。"

叶　莉：像你的一个老友人来桐庐。

董利荣：对啊。

叶　莉：你们桐庐真潇洒。

董利荣：对啊。我在文章当中说，如果我可以跟他对话的话，我说现在的桐庐更美更潇洒。这个就是我在读的过程当中，觉得就跟这个古人有一种情感。

叶　莉：当您入神之后，或者说当我们入神之后，很真切地体会到当时这位诗人在写诗的时候的那种情感。

董利荣：是的，没错。

叶　莉：好，我们继续来看啊。有很多朋友在直播间里面提了很多问题。哦，有好多朋友说书没有抢到。没有关系，待会我们还有第二波的送书。第二波送书呢我们会送的就是这本在5月19日出的《诗说桐庐》。有一位朋友叫做"小bbbbbbbbbbb"，他说董老师您在书中提到过《潇洒桐庐郡十绝》对范仲淹社会观的影响，在我们直播过程当中您也无数次提到了，那您觉得您在一生当中读书起到了什么重要意义吗？或者说是改变了您的人生了吗？

董利荣：你比如说，苏轼有两句很有名的诗，这首诗的题目叫《和董传留别》。他写给一个姓董的人，其中就是两句叫"粗缯大布裹生涯，腹有诗书气自华"。我相信，一个人多读诗书，肯定会提高自己。有了丰富的人生阅历和社会经验，看待事物肯定是会不一样，眼界也不一样。就像我评价方干的一句诗叫"眼界无穷世界宽"，读到这句诗时，让我眼前一亮。

叶　莉：大为惊叹。

董利荣：我经常会有这种情况，就是在读诗的过程当中，一首诗或者说一两句诗，会给你一个很深的触动，会让你眼前一亮。这就是其中之一。当然，我还写了一篇品这七个字的文章。

叶　莉：也收入在这我们《诗说桐庐》当中。

董利荣：对。当时我写了一篇千字的文章，省政协的《联谊报》就很快发表了。

叶　莉：您说到了眼界无穷是基础，是前提，也是过程，要让眼界无穷，既要有客观条件，更要有主观努力，登高望远必须攀登，读万卷书行万里路必须锲而不舍。后面您还提到了，就是如果说我们每个人都能够不断开拓自己的眼界、拓宽自己的视野，那么无论你内心的世界还是外部世界，都能如大海般的宽阔、似天空般的宽广。这其实也是读书能带给我们的。

叶　莉：好，我们来再继续来看一下直播间的问题。好多朋友都说想要书，所以我们接下来来进行第二轮赠书好不好？董老师，我想您是最希望把书送给懂您的书的人对不对？那您来设置一个小小的问题，回答对的前 10 位观众可以得到您签名的这本新书。

董利荣：好，我说一个题目，可能会有点难度。

叶　莉：……

董利荣：但是我相信，很多人能够回答出来。就是我的书里面有一篇文章叫《桐庐诗词当中的历代名人》。我们桐庐的诗词当中经常会写到名人，其中有一首诗里面就写了八个名人。这里我举南宋项安世写过的一首关于我们桐庐的诗，四句诗，但写了三个名人。我想问的是哪三个名人。如果能够三个都答对的，毫无疑问肯定能拿到书的，能够答对两个的也算。他这首诗是这样的："山高水长子陵节，桐庐潇洒范公诗。又吟处士清新句，蝉曳残声过别枝。"这是一首七绝，但他写了三位历史名人，哪三位？

叶　莉：观众朋友听懂题目了吗，是哪三位？

董利荣：其实有两个人是很好答的。

叶　莉：两个人，您已经在节目当中多次提到了。"有缘人"回答是严子陵和范仲淹；"刘小强"回答是严子陵；"放飞"回答是严子陵、范仲淹；"刘小强"又补了一句范仲淹；"太阳雨"回答是严子陵、范仲淹……

董利荣：两个的都对了。

叶　莉：三个名人都回答了两个，为什么没有人能够来突破一点回答三个呢？哦，来了，有一个"M"，他回答出了严子陵、范仲淹、方干。

董利荣：对，没错。

叶　莉：好，我们前 10 位回答正确的朋友已经产生了啊。然后我这里也会截屏，最后结果会在桐庐县图书馆的公众号上公布。好，谢谢大家的参与。

…………

叶　莉：我们这个活动，也叫做"'看一本书·游一座城'桐庐名家带你走进桐庐"的系列活动，今天是第一集，特别有幸邀请到了董老师。我还有最后一个问题，想请您简单地回答一下。我们一直在说，桐庐不仅有好的环境，还有好的历史文化，那么，我们桐庐的古诗词文化，能够给我们带来什么呢？

董利荣：我们讲，一个地方要可持续发展，经济当然是需要的，但是文化这个翅膀也是不能折断的，或者说两个轮子的话你不能少一个，少了轮子，车子就不能够开得快。而且现在是越来越体现文化的一个重要性，包括现在一些旅游景点，没有文化底蕴的，总显得生命力不强。所以说要重视文化的挖掘。

叶　莉：文化是发展的基石，它是一个基础。

董利荣：特别是近期，浙江省省长到桐庐视察调研诗路文化建设之后，我们县现在更加重视文化，相信在全县人民共同努力下，桐庐的文化事业也会越做越好，文旅融合发展。

叶　莉：我们今天的这场直播，是由桐庐县文化和广电旅游体育局主办，桐庐县图书馆承办的"'看一本书·游一座城桐庐'名家带你走进桐庐"系列活动的第一集。吟咏桐庐的这些诗词，不仅是描写了我们桐庐的奇山异水，而且，我们也能够从这些诗词当中寻找到了桐庐的历史、桐庐的文化。我觉得，与其说您在创作，不如说您在进行一个考据工作，是这样吗？

董利荣：一方面是考据；第二个方面，对这些诗，经过我的一些理解，给它进行了一些提升。正如我前面提到的王国维的《人间词话》一样，他在这本书中讲到一个人生的三境界，他就是从古代的词里面加上他的理解。我认为，可以以这个作为我们今天这个访谈的一个结束语。希望我们观众朋友们也能够从我们桐庐的一些古诗词当中，找到你的一个境界。

叶　莉：其实这书中的一诗一词一景一物，都会和某一个细节一一的对应，您可以说是帮我们读者做了一个预先的案头工作。

董利荣：希望观众朋友们大家今后能够喜欢。

叶　莉：作为"'潇洒桐庐'富春山居文旅丛书"中的《诗说桐庐》，我们也非常希望它能够为钱塘江诗路文化带的建设，贡献出我们桐庐的一份力量。

董利荣：是的。

叶　莉：好！谢谢董老师，也谢谢我们直播间观众朋友们的参与。我们此次线上活动的第一辑，到这里就结束了。感谢大家的收看和参与，下一辑，我们再见！

董利荣：好，观众朋友们再见。

古村深邃夜幕下　张军　摄

怀素堂　胡建宏 摄

直播现场工作场景

直播现场

035

直播互动

新书《桐庐古诗词大集》线上直播开播

文旅中国 骆蔓 张宇 2020-05-22

浙江桐庐美景

文旅中国推文

江南镇深澳村

深澳村隶属浙江省杭州市桐庐县江南镇，位于富春江南岸天子岗北麓，320国道、杭千高速穿境而过，下辖深澳、黄程2个自然村，行政区域面积5.2平方千米。全村共有农户1290户，人口4262人，有85%的居民复姓申屠，其他还有朱、周等36个姓氏。深澳古建筑尚存百余座，建筑面积大约4万平方米，绝大多数属于中国四大建筑风格之一的徽派建筑。先后获得全国乡风文明村、全国生态旅游文化产业发展高峰论坛100个最美古村落（深澳村）、浙江省"国家级历史文化名村""浙江省历史文化村镇""省级浙江最美古村""浙江省民间艺术之乡""杭州市科普文明示范村"等荣誉称号。

深澳村悠久的文化传统源自南宋申屠氏的开村之功。申屠氏宗祠始建于南宋年间，名为"裕后堂"。当时族人在此举办灯会，火树银花，光辉星月，后毁于元末兵火。第二次建于明成祖永乐年间，历时十余年，冠名"攸叙堂"。明末清初，毁于兵火。第三次建于清雍正七年（1729年），仍叫"攸叙堂"，设置祠产，制定了祠规。深澳申屠氏宗祠经历了"三建四修"，见证了深澳村申屠家族百年沉浮。

　　明代时，村落规划留下了一个完整的地下水系。水系的水源来自山上的泉水，清甜甘冽、冬暖夏凉，至今还是深受村民喜爱的生活用水。而取水、用水的澳口也成为深澳村独特的文化风景。"澳"在当地话中是"地下井"的意思，深藏地下的井即为深澳。深澳村古时称同里，也因深澳而得名。深澳水系由两个层次构成，一是村落外围天然形成的溪流；二是通过自然与人工的结合营造成村落内部的水系。水系由暗渠、明沟、坎儿井、水塘、溪流组成。其中，暗渠的构造尤为巧妙，长为800米，深入地下约4米，宽1.5米，水面高2米，贯穿整个村庄。渠底用卵石铺成，渠上建筑成拱顶，成人可进出疏浚。为方便取水，每隔一定距离就开一个水埠。由于水埠比较深，当地人称之为澳，深澳的村名就由此而来。与这条暗渠并行的还有一条水沟，从各家门前淌过。每幢四合院的天井都有排水沟，根据明清时的风水学，称为四水归一。天井里蓄的雨水流入门前的水沟，同时带走生活污水。目前，全村还有17口坎儿井，12口水塘。如此完整的水系使深澳免受水旱灾害的侵犯，初步形成了现代城镇的规划用水雏形，是中国古代"先规划后建设"的村镇建设的范例。

　　深澳村另一道风景线是位于地下水系之上的古民居建筑群，

主要集中了明朝、清朝和民国三个时期的建筑，大致分布在南北走向的老街两侧的弄堂里。深澳老街呈长方形，南北走向，间有三弄，约 200 余米，宽仅 3 米，建于元末明初，盛于民国期间。两侧建筑为清中后期及民国建筑，多为店铺，曾有"小上海"之誉。村里现存明清时期的古建筑 140 多幢，民国时期的建筑 60 多幢，无论是单体建筑，还是村落形态，都保存得相当完好。

比如怀素堂，建于清嘉庆年间，占地面积 790 平方米，砖木结构，由三进主建筑和西侧抱屋组成。分前厅后堂，雕梁画栋，窗棂下刻的是"二十四孝"的故事。怀素堂匾额至今保存完好，堂内还有一块"兄弟明晋"牌匾。又如恭思堂，建于光绪十九年（1893 年），占地 1147 平方米，砖石木混合结构，是深澳现存最大的单体民居，由五进主建筑和北侧三座抱屋共七个天井组成，当地人叫它"七井房"。恭思堂主人为深澳富商申屠济成。申屠济成当年是做草纸生意起家的，整幢房子建了十年，单是雕刻就花了三年时间。尤其是天井的雕刻特别花哨，从阁栅向上达七层，裙板、扁作梁也雕刻得非常讲究，可谓当时的"豪宅"。

深澳是千年古镇的缩影，拥有浓郁的民俗风情、独特的水系资源、庞大的古建筑群和深厚的宗氏文化，是省非物质文化遗产旅游景区（民俗文化旅游村）、中国历史文化名村和国家 4A 级旅游风景区。现有入选省级非遗名录 3 项（江南时节、深澳高空狮子、江南古民居营造技艺），市级非遗名录 5 项（深澳彩灯技艺等），省级非遗传承人 2 名。

诗与画

主讲人：王樟松
推荐书目：《桐庐古诗词大集》
时间：2020年5月21日
地点：江南镇深澳村

访谈

诗与画

叶　莉：观众朋友们，下午好！欢迎收看"'看一本书·游一座城'桐庐名家带你走进桐庐"系列。本活动由桐庐县文化和广电旅游体育局全力打造，桐庐县图书馆和桐庐县融媒体中心联合策划播出。今天我们就在桐庐的深澳老街，在这样一个下雨天，听雨煮茗、焚香读书。中国是诗歌的国度，我们秀美的桐庐文化，也孕育了历史深厚的富春江山水诗的文化。在上一期节目当中，我们就曾经提到过桐庐的这个天下独绝的山色秀美的地方，再加上交通要道的水利枢纽的地理位置，以及深厚的严子陵隐逸文化，吸引了无数的名人雅士纷至沓来，也留下了大量的赞美桐庐的诗词华章。我们桐庐诗词之多，可是被称为"中国县级之翘楚"。说到这里，我就有一个问题想要问大家了，桐庐现在到底现存有多少首古诗词呢？当然，这个古诗词，主要指的是吟咏桐庐、和桐庐有关的古诗词。有的朋友可能就会说了，这个问题简单，就是一个送分题嘛。因为在前几年的时候呢，桐庐被授予了"唐诗西路"的美誉，还被授予了"中国诗歌之乡"的称号，当时的时候，媒体就纷纷报道了从南北朝开始到清朝一共有一千多位诗人来过桐庐，留下了三千多首吟咏桐庐赞美富春江山水的诗歌名篇。那么这样的数字对不对呢？也有朋友会说了，你说那数千年的历史，我们该如何去考证呢？就算是想考证，但是也是无从下手的，有谁会去做这样的事情呢？但是今天，我们要告诉大家的是，真的有人去做这件事了。让我们有请今天的嘉宾，浙江省作家协会会员、桐庐政协教文卫体委和文史委主任王樟松老师。王老师，我们桐庐到底现存有多少首古诗词呢？

王樟松： 我（主编）的这一套《桐庐古诗词大集》收录了自南北朝到清末一千九百多位诗人的七千多首古诗词。其中，诗七千二百五十一首、词一百四十九阕。

叶　莉： 收录的每一首诗词，都是经得起考证和推敲的。

王樟松： 对，都是有据可查（的）。

叶　莉： 从三千多首一下跨越到了七千多首，您是怎样做到的呢？

王樟松： 应该说编纂古诗词，都是踩着前人的肩膀上做的。因为我们桐庐历史上已多次编撰古诗词集。从最早北宋元祐年间郑俶编的《钓台集》，一直到清末民初汪光沛编的《严陵钓台集》，桐庐（历史上）一共十二次编纂过关于钓台的诗词集。

叶　莉： 有关于钓台的诗集。

王樟松： 关于写钓台的诗，收录最多是汪光沛编的一本书，里面收录了一千两百多首（有关）桐庐的古诗词。我们在编纂过程中主要是查找历史资料。主要是几大类：一类是前面讲的已经12次编纂了的桐庐古诗词，但因为历史原因，保存下来的比较少；第二种是我们县志上面记载的古诗词；第三种是近几年来，一些人编纂的古诗词集，比如说我们桐庐县丹荣老师编的《富春江名胜诗集》《严陵钓台集》，以及建德文史委方韦先生编的《严州诗词》《严州诗统鉴》等，还有王顺庆老师等人也在编，他们也收录了一大批我们桐庐的古诗词；第四类就是我们从知道的到过桐庐的这些诗家的作品集里面去查找，比如说苏东坡肯定到过桐庐了，那么就从苏东坡的诗集里面去找有没有关于桐庐的诗。

叶　莉：比方说苏东坡，您有新的发现吗？在这套书籍里面。

王樟松：苏轼应该说是我们大家都很熟悉的。苏轼有一首《送江公著知吉州》，开头这一句大家都很熟悉："三吴行尽千山水，犹道桐庐更清美。"我当时就查了很多网络上面的资料，网络资料上面说"江公著"是建德人，但为什么苏东坡在这首送别诗里面写的是桐庐？为什么不写"犹道建德更清美"？后面我想，网络上这个人的生平可能有出入。我就查了一下《桐江江氏宗谱》，里面明确写了江公著是桐庐人。

叶　莉：是桐庐人啊？

王樟松：后面呢，我又查了一下《东坡诗注》，也说江公著是睦州桐庐人。就是说，一个方面就是诗家的个人诗集，另外还有一些比如说我们民间的这些家谱。有的家谱里面也有很多诗词，好多还有村景诗、八景诗、十景诗，等等。再比如绘画作品中的题画诗等，应该都是我们这个（应该收集的）。

叶　莉：还是拿苏轼做例子，尽管您说得很简单，但是我们还想知道您花了多少时间来做这件事。

王樟松：就比如说江公著，查《桐江江氏宗谱》。这里首先要感谢姚朝其老师的一本书叫《桐分谱牒》，《桐分牒谱》把桐庐县城的谱牒全部做了总结，辑成一本集子，里面就有《桐江江氏宗谱》，现保存在档案馆。这就很简单，我们去档案馆，去查北宋有没有这样一个人，去找线索。

叶　莉：对，从画作当中也发现了一些跟桐庐有关的诗，就像您编著的这本《画中桐庐》。

王樟松：前几年我在文化局工作的时候，县委县政委提出了"中国画城"的想法。当时我也觉得，桐庐应该是不仅风光如画，更有很多丹青画作，特别是有一些好的作品传下来的，所以我就从这一方面着手，去查找到底有哪一些画家来过桐庐，画了哪些传世的作品，收集整理后编了这样一本书。《画中桐庐》就是从画的角度来挖掘桐庐的人文历史，丰富桐庐文化内涵。

叶　莉：我还曾经看到过陆春祥先生对您编著的这本《画中桐庐》有一个这样的描述，说编著的过程中，"在浩瀚的史料中，王樟松披星戴月，晨凤勤理，寻章摘句，煮字疗饥，详实而周备"。所以才有了这本内容翔实的《画中桐庐》。这也是他对您在创作过程当中的工作状态的描写。

王樟松：谢谢春祥老师，他言过其实了。

叶　莉：其实我觉得《画中桐庐》比起我们这一套新书《桐庐古诗词大集》来说，花费的精力真不可同时而语了。是不是编纂这样一套古诗词大集的过程更加的艰辛？

王樟松：这套《桐庐古诗词大集》耗时三年多，除包括已有诗词的历年积累以外，其他想要增加的部分，那得去找，就像大海捞针或者说是沙里去淘金一样的。凡是涉及桐庐自然风光、人文风情的都得去把它……

叶　莉：挖掘出来。

王樟松：挖掘出来，尽量做到应收尽收。

叶　莉：那您为什么要做这件事呢？

王樟松：首先，这是我的本职工作。因为前面你也介绍了我是文史委主任，挖掘桐庐文化是我的工作本分。加上前几年我们桐庐提出争做"中国县级古诗词之翘楚"，也就是中国诗词最多的县。那么最多的县到底有多少古诗词，有人说是两千多首，也有人说三千多首，我觉得要摸清家底，两千首就是两千首，五千首就是五千首，把家底搞清楚。当时我刚好是跟皇甫汉昌老师一起合作《唐诗桐庐》，查阅了大量的诗歌作品，于是就产生了这个想法。我们要搞桐庐的古诗词大集想法，也得到了政协领导的支持，而且把编纂这一套书写进了全委会的工作报告，作为政协工作的一项正常工作在抓了。

叶　莉：其实这也是您的责任感和使命感使然。这个是不是也是侧面反映出您对这个古诗词文化的一种喜爱和热爱呢？

王樟松：应该说对桐庐人文历史特别是……

叶　莉：首先是基于对家乡的热爱。

王樟松：对家乡的热爱，对桐庐古诗词也喜欢，加上平时看书时的积累，当我有要做这件事的想法时，也就自然而然地去做了。

叶　莉：我们这一套《桐庐古诗词大集》，仅凭三年多时间也是完成不了的，还是您数十年的积累。

王樟松：有些就是积累。

叶　莉：今天我们也给大家展示了王老师的很多作品，包括《绿阴山房诗稿》《画中桐庐》，以及刚才我们已经提到过的《唐诗桐庐》和《桐江肖园诗集》。

王樟松：桐庐清末民初有一个私家花园，被叶浅予称为"富春江第一名园"，叫肖园。肖园的主人非常喜爱诗歌，他经常组织全县甚至县外的诗人到他肖园里面小坐，喝酒吟诗。

叶　莉：雅集。

王樟松：雅集，他们叫"消寒雅集"或者"消暑雅集"。

叶　莉：消寒雅集、消暑雅集，也就是说夏天也有冬天也有。

王樟松：对，冬天叫"消暑"，夏天叫"消寒"。然后把这些人在庄园里面写的诗汇聚成册，就成了这本《桐江肖园诗集》。

叶　莉：是。那今天我们也将会通过直播间要给大家些福利。首先我们要赠送的第一套书籍就是《桐江肖园诗集》。请王老师给我们观众出一个问题吧，和这本《桐江肖园诗集》有关的。

王樟松：肖园现在已经不存在了。我的问题是那时候的肖园在现在我们县哪一个乡哪一个村？

叶　莉：据乾隆《桐庐县志》还有光绪《分水县志》载，自唐至清，桐庐先后有164部诗集问世，有30部诗集都被收入了

《四库全书》。那么肖园呢,也因主人喜欢对酒当歌,与人切磋诗词,因此留下了很多佳作。那么这本书提到的这个肖园,它的位置是在我们桐庐哪里?

留言的朋友很多。王老师您来看一下,这个回答已经刷屏了,大部分人答的都是"旧县",是吗?您来跟我们公布一下答案。

王樟松: 按现在的行政规划的话,应该是旧县街道旧县村。

叶　莉: 旧县街道旧县村,也有很多朋友回答了旧县街道旧县村。我们将会通过截屏的方式来选取前10位答对的朋友,他们将可以获得由王老师亲笔签名的《桐江肖园诗集》,桐庐县图书馆公众号将会在明天公布我们的获奖名单,也请大家把自己的邮寄地址留给我们的公众号就可以了。今天下了点小雨哈,所以我们是听雨品茗,然后又是焚香读书。说到香啊,我要特别跟您介绍一下我们今天所在的这个地方。其实我们所在的地方是一个香坊,一个香道的工作室,正在燃的这炷香就是根据《桐君采药录》中的古方古法来制作的。我们来,大家随着我们的镜头,来认识一下我们这个工作室的主人涑南。

涑　南: 大家好。

叶　莉: 刚才我们提到的这个香哈,就是这一款桐君本草香是不是啊,那么你今天将会现场来给我们制一个香。

涑　南: 现场的话我们可以做一下,就是因为诗歌是非常雅致的,那我们选择的煎香的方式,也是直接用香材混合好以后,直接在上面煎香。煎香是最快的品香方式，因为我们做线香，按照桐君老人他的君臣佐辅这样的配伍方式来做的话，需要有选香。

叶　莉：很多到工艺啊。

洓　南：对，对。今天的话我们就做简单的煎香，这样最快，也是最直接能够闻得到的香。

…………

洓　南：这种煎香的方式，就是说因为以前在户外我们坐香，就是大家一起即兴坐着，一起吟诗作对的时候，可能旁边就燃香。那么即兴到哪个地方就燃不同的香。

…………

叶　莉：好的，好，谢谢洓南。王老师，闻了这样的香味，会不会有一种诗兴大发的这个感觉？那我们继续往下聊。应该说编著这套书的时候我们需要查寻很多资料，就像您刚才说的那样，我们会去找很多的线索，来证明这首诗是跟我们桐庐有关的。那么在这一过程中您是不是发掘了很多关于桐庐诗歌背后的故事？

王樟松：怎么说呢，这个背后的故事肯定是有。比如说，我前面我在参加点校的《绿荫山房诗稿》。它是百江一个诗人的诗集，这个诗人叫臧槐，生活在清末民初。他一生写了三千五百多首诗词。他把这些作品分为两部分，一部分收录进《绿荫山房诗稿》，还有近两千首（另外）诗稿已在历史的长河中消失了。关于这部诗集还有一个故事。当时桐庐分水有一个老师,他的两个学生在桐庐造纸厂工作。刚好是1967年的时候,有一天他到桐庐造纸厂看望两个学生,当时他们就在造纸厂负责废纸打浆。他们坐着聊天的时候看到地上一本小小的册子。他捡起来一看,发现上面的诗歌都是写分水的。他说这些诗歌没看到过,然后仔细一读,竟然是《绿荫山房诗稿》,共有四本。然后他从一大堆废纸里把四册找全,跟学生说想把两本书带回去。学生说你偷偷摸摸带回去吧。因为那会正是特殊年代,他带回家还不敢拿出来,放在箱子底下压在那里。一直到了2002年,我们编《人文百江》的时候,听说那个老师有臧槐的诗,然后找到了他借了出来,又挑了一些编入了《人文百江》。经过点校,在百江镇人民政府支持下重新再版。

叶　莉:幸亏了有二位老师这样的一个举动,把我们历史长河中的这样一颗明珠给保存了下来,让它在新时代再次熠熠生辉。我想代替观众向我们的两位老师表示敬意!这也是观众不断地在直播间里聊的话题。有一位"咫夏"朋友说:"《桐庐古诗词大集》这套书有三本,那我们应该从哪个角度去读它呢?"王老师,作为作者,您建议他从哪个角度、以什么样的方式来阅读这一套书?

王樟松:这本古诗词集有七千多首古诗,要去读一遍也比较困难。考虑到这个,我们在编写过程中采取了几种(检索)方法,便于读者阅读。第一种是我们所有的古诗词是按照魏晋南北朝唐宋元明清朝代划分，如果读者知道作者，或者知道这首诗大概是哪个朝代，可以从朝代里面去找。第二种就是目录上面有题目可以找。第三种我们在书的末尾附了作者的目录查询，比如知道范仲淹，这首诗是范仲淹的诗，那么可以找到范仲淹，按照姓氏笔画找到范仲淹在第几页，再倒回来查范仲淹的诗。我们说一首诗词一座城，一首诗完全可以火一座城或活一个旅游景点、旅游景区。比方说李白的《赠汪伦》，是一首绝句，现在让安徽泾县的桃花潭景区非常红火；又比如说像我们桐庐诗人徐凝（唐代诗人）写扬州的最后两句"天下三分明月夜，二分无赖是扬州"，现在就是扬州的广告词。就是说，真正的一首好诗可以是无形的广告。

叶　莉：它就是一个宝藏。

王樟松：宝藏！就是说，我们桐庐拥有七千多首古诗，也是一个巨大的富矿。

叶　莉：我们直播间里非常热闹啊，现在有4639位观念正在收看我们的直播，很多朋友都发来了问题，希望王老师能回答一下啊。有一位"猫头姐姐"，她说："平时我们读到最多的是桐庐美景的是山水诗，有没有一些其他类型的来吟咏我们桐庐的这个古诗词呢？"

王樟松：桐庐的这个古诗词，一开始就是山水诗。比如说南北朝时期像谢灵运到桐庐写的这一些，就是山水诗。

叶　莉：山水诗的鼻祖啊。

王樟松：因为在桐庐写的山水诗，使桐庐成为山水诗的发源地，也使谢灵运成为中国山水诗的鼻祖。但是我收集的这些诗歌，不仅仅是写风光名胜，还有很多类型，比如说人文的，就是文人之间交往送别诗。文人之间交往的这些诗有很多的，比如说章碣，要进京赶考去了，方干作为他的表哥，他会写一首诗送别章碣去应试。第三种呢，我认为是咏史诗。怀古咏史，这个是桐庐诗歌中最大量的也是一个重头。为什么？因为桐庐有一个严子陵钓台，有一个桐君山，特别是咏严子陵钓台的，占了我们古诗词的一半。因为严子陵是后人称颂的文人典范，东汉他隐居在桐庐、在钓台，那么这个钓台就成了天下文人的精神家园。因此，后世文人没有一个到了钓台这个地方不登钓台，没有一个不写严子陵的，所以属于咏史诗。

叶　莉：哪怕不登钓也要作一首诗凭吊一下。

王樟松：对的。第四种呢，是展示桐庐风土人情。

叶　莉：田园。

王樟松：我觉得主要就是这几类。

叶　莉：这四大类。好，我们继续来看直播间观众的问题，有一位我估计是您的铁杆粉丝哈，叫"一颗大头菜"，说："王樟松老师，我们喜欢听您讲故事，您是从什么时候开始，什么样的机缘巧合下开始喜欢古诗词的？"

王樟松：古诗词应该说比较早，像我们"60后"，小时候是没有读过古诗词的，因为那个时候我们的课本上并没有古诗词。

我们家里的几本古诗词，基本上都作为课外读物。我是从小学三年级开始读课外书，半认识半不认识就开始读这些课外书。

叶　莉：那一般的小朋友都会喜欢看一些故事啊插画啊之类的，您就是第一次看到古诗词，就相当有兴趣了吗？

王樟松：我读的第一首古诗叫《贤文歌》，"昔时贤文，诲汝谆谆"，是四字句的，当然也有七字句的。当时感觉读起来很顺口，有些诗歌连是什么意思都不知道。

叶　莉：我们古代的有些诗歌，它其实是根据一些号子啊，谚语啊来写的。

王樟松：这些诗歌一方面押韵，读起来朗朗上口；第二个有很多典故，小时候我们都不懂，现在回味起来很多典故是很有哲理的。

叶　莉：如果说是您的铁杆粉丝的话，我特别推荐他去读这本书，就是王老师写的《围炉偶拾》，书中讲了很多王老师小时候爱好文学喜欢诗词的一些故事。好，那我们继续。我们有很多观众，也想培养孩子在文学方面的一些素养和爱好。有一位朋友叫作"吹空调的鱼儿"，他说："古诗词的作用不言而喻，但是现在的孩子对古诗词的兴趣不浓，我们该如何去引导呢？"

王樟松：我国历史上有诗教一说，诗歌教育，就是诗教。诗歌之美就是能启迪孩子的想象，激发孩子的灵性。怎么样去培养孩子的文学素养？我觉得小孩子不是不喜欢古诗词，是因为根本不懂得，因为太难了，像我们成年人都不是很懂，里面有好多都是只可会意不可言传的东西。所以我觉得小孩子学古诗词就是一个字：背。就是先背下来，等长大以后慢慢地去悟。

叶　莉：自己去领悟。

王樟松：因为小的时候背牢了，然后长大以后让他自己慢慢地去悟是比较好的。

叶　莉：然后在不同的人生境遇下，他可能悟到的哲理也会不一样。比方说吃饭浪费了，人人都会说"谁知盘中餐，粒粒皆辛苦"，这个教育其实就是从小就开始的啊。还有一点就是刚才王老师也提到过，就是在编著这本书的时候有很多需要去寻找查询线索和考证的地方，在这个过程中那也可能会挖掘出很多背后的故事。如果说我们适当地让小朋友能够了解一下这个诗词创作的背后的历史故事，包括这个诗人的背后的一些故事的话，是不是也能够激发小朋友的爱好古诗词的一些兴趣呢？

王樟松：那肯定的，这样的事例有很多。比如说像我上次在给桐庐语文老师讲课的时候，就讲到一个故事，说在唐代我们桐庐有一个到睦州做司马的人叫刘长卿。

叶　莉：刘长卿。

王樟松：刘长卿选入我们小学课本里面有一首诗叫《逢雪宿芙蓉山主人》："柴门闻犬吠，风雪夜归人。"那这首诗大家都在读，实际上经过我的考证，实际上这首诗是在刘长卿被贬到睦州做司马的途中，快要到桐庐的时候写的。刘长卿带了书童、带了一家人，在大雪纷飞的时候往睦州赶。途中找不到住宿的地方，突然看见前面有一个小房子里亮着灯。这时,他知道终于有投宿的地方了。此时,他的心情大家一想便知。

叶　莉:因为刘长卿在我们桐庐工作和生活过,所以在您的这本《桐庐古诗词大集》当中收录了刘长卿的十九首诗。大家可以在上册的目录的第二页里面找到。那关于这个话题呢很多朋友都很感兴趣,就像一位叫"番薯丝糖"的朋友,他说:"桐庐的古诗词是否可以在我县的中小学生当中普及,把一些比较有名的诗词编辑成一些乡土教材,让孩子们赏读,提升孩子对家乡的热爱之情。"其实我们也有一些课外读物是推荐给我们小学生的。

王樟松:对,这件事情我们一直在做,宣传部、文联一直在做的。

叶　莉:还有一位诗词爱好者,他说:"对于我们桐庐本土的诗词文学爱好者,在创作上王老师您能给一点建议吗?"

王樟松:古诗词作为以前的一种比较流行或者受大家喜爱的文学体裁,在清以前被文人广泛接受的,在新文化运动以后呢,古诗词才逐渐走向衰落,直到这几年才开始兴起。我觉得古诗词要写好,古诗词格律是重要的一方面。

叶　莉:格律。

王樟松:第一,古诗词是有格律的,我们要学习好、掌握好;第二,古诗词需要"用典",因为一首几十个字的诗,要把一件事情、一个感想都要用最精华的几个字来表达,那么就要借助典故来表达。

叶　莉：有一位朋友说我们桐庐的风景如画，那您能不能跟我们讲一下诗词当中的一些实景，让我们想象一下古时候的桐庐是什么样的一种面貌。

王樟松：最大的变化，应该还是在人文上面，因为山水总体上是不会变的，比如富春江。但是很多人文方面的东西，我们就没有了。比如说谢灵运写我们桐庐的诗，一共有四首，其中一首叫《夜发石关亭》，石关亭的具体位置就不可考了。

叶　莉：不知道石关亭在哪儿吗？

王樟松：志书上面虽然有记载，石关亭在桐庐，但具体在哪里呢？大约相当于现在的浮桥埠往阆苑这一带。

叶　莉：也是往阆苑洞的那条路。

王樟松：那个石关亭（现在）没有了，那么这个景色也就没了。再比如说钓台（诗）里面有很多写许剑亭，许剑亭现在也没了。许剑亭是为了纪念谢翱所建的，现在没了就不会那个（感觉）了。就是说，有很多地方包括东门码头，跟以前也不一样了，都在变化。

叶　莉：对。那我们接下来进行第二轮的送书。这一轮的送书，就是我们今天的重头戏了。现在要送的就是一套《桐庐古诗词大集》（上中下）。我们还是请王老师来出问题。其实桐庐还有一位诗人对我们桐庐的这个古诗词文化的贡献也是很大的，就是方干，那么接下来我们出一个跟方干有关的问题好不好？

王樟松：好。方干是晚唐桐庐著名的诗人。《全唐诗》收录了他三百四十八首古诗词。在《全唐诗》两千两百多位诗人里面，收录诗歌超过三百首的只有三十几位，他的三百四十八首收录数量，排名第二十五位。这样一个诗人，应该在晚唐是很有名的一个诗人。那么我们的题目是："方干的诗歌是谁教的，他的老师是谁？"

叶　莉：老师是谁？我们先来排除一下啊，首先要应我们今天的主题，我觉得方干的老师肯定是桐庐的一位诗人。我们现在开始回答，前5位答对的朋友将得到这一套由王樟松老师最新编著的《桐庐古诗词大集》。答案王老师来公布一下。

王樟松：教方干诗歌的老师就是徐凝，他是唐代一名进士，是跟施肩吾同科的一个进士，徐凝。

叶　莉：我们来看一下这一轮是哪5位朋友答对了这个问题。第一位是"瓶子"，第二位是"呆小兔"，第三位是"不忘初心"，第四位是"aaaaaame"，第五位是"一颗大头菜"。这5位朋友获得了王老师刚刚出版发行的这一套《桐庐古诗词大集》（上中下）。领取方法，请您关注桐庐县图书馆的公众号。另外，端午节马上就要到了，赠书的同时附赠给大家一个由涞南制香工作室提供给大家的一个香囊。王老师，我看了一下这套书，仅仅前言就有一万多字。您为什么把前言的标题取为"桐庐处处是新诗"呢？

王樟松：我们桐庐，不光是山清水秀人杰地灵，更重要的是桐庐这个地方吸引了自南北朝至清代的一千九百多位诗人在这里留下了七千多首古诗词。比如唐代韦庄的"钱塘江尽到桐庐，水碧山青画不如"，宋代苏东坡的"三吴行尽千山水，犹道桐庐更清美"。范仲淹更喜爱桐庐，一气呵成写了十首《潇洒桐庐郡》。还有清代刘嗣绾的"一折青山一扇屏，一湾碧水一条琴。无声诗与有声画，须在桐庐江上寻"。历朝历代都不断有人写诗来赞美桐庐。所以我用了宋代陆游的一首诗"桐庐处处是新诗，渔浦江山天下稀"中的一句。我认为即使是现在（依然是）"桐庐时时有新诗"。

叶　莉：您觉得桐庐古诗词文化会给我们带来些什么？

王樟松：古诗词应该说是一个宝库，我们这么多古诗词，它的价值，如果我们用好了这些古诗词，那么对于丰富我们桐庐的人文，擦亮"中国县级古诗词翘楚"这块金字招牌是很有大作用的……

叶　莉：还有"中国诗歌之乡"。

王樟松："中国诗歌之乡"，对这些品牌是有很大意义的，特别是接下去能够促进我们自然风光旅游包括人文旅游，是有很大的作用的。

叶　莉：对，我们中国文化真的是博大精深，短短几十个字，就把情景和情感都体现了，就像您刚才说的，读一首诗，其实也可以是游一座城了。好，那么各位观众朋友，现在正在收看的是"'看一本书·游一座城'桐庐名家带你走进桐庐"系列。今天，我们给大家推荐的新书是由王樟松老师最新编著的一套

《桐庐古诗词大集》。古诗词是历代先贤留给我们的一个文化宝库,一个宝藏。我们该如何读好古诗词?如何用好这个永远都用不完的财富?我觉得这应该是我们桐庐人更应该去做的事情,是吗?

王樟松:对。

叶　莉:好,那我们今天的节目就到这里结束了。感谢各位朋友的关注参与,也感谢王老师今天做客我们直播间。

石舍村貌

洒秀乡村生活书吧

工作现场

直播现场

061

直播互动

文旅中国推文

《桐庐石刻碑志精粹》线上直播推荐

《桐庐石刻碑志精粹》

富春江镇石舍村

富春江镇石舍村是县域范围内最边缘的行政村，与建德市、浦江县交界。境内山川秀美，风光旖旎，英才辈出，民风淳朴，人文积淀深厚。2012年，石舍村被列入桐庐县富春江（芦茨）乡村慢生活体验区建设区块，逐渐成为具有一定知名度和影响力的"网红村落"。

石舍行政村由石舍、枫林、长州、茶叶坑、传粥、西坑口、石笋7个自然村组成，面积56.01平方千米，耕地面积352亩，山地面积80455亩，其中40000亩列入国家生态公益林，是一个典型的山区农村。全村308户，总人口903人。曾获得中国传统村落、浙江省美丽乡村特色精品村、浙江省"美丽宜居 浙江样板"双百村、浙江省文明村镇、浙江"森林人家"、省级文保单位（石舍古建筑群）、浙江省创建"百镇千村"试点村、浙江省美育村等荣誉。

石舍村最早由唐朝著名诗人方干（809—888年）后裔方伯乐迁徙至此。因此地四面环山、三面临水，深得"负阴抱阳"之势，便在此以石为墙、筑舍而居，由此得名"石舍"。村后有主峰来自龙门山脉，左右有次峰左辅和右弼；村前有芦茨溪环村而过。古村处于山水环抱的正中央，地势平坦且有一定坡度，形成了一个背山面水、藏风聚气的理想格局。民间还流传着许多独有的民间传说、历史故事，如与杭州净寺相关的济公和尚"井中运木""金牛岭""三王公庙""长洲反击战"等。

石舍村村落古朴，历史悠久，形成别具一格的人文与自然相结合的古村落风光。它的建筑依山而建，依水而居，很有特色，特别是一幢幢明清时候的老建筑，更显古朴庄重。由厚载堂、敬义堂、存仁堂、方东辉民居、方伦伟民居、方明军民居组成的石舍明清古建筑群，面积共计有3000余平方米，于2018年1月被列为省级文保单位。

石舍村所在的富春江（芦茨）乡村慢生活体验区是2012年浙江省人民政府首个批示的乡村慢生活体验区试点。石舍村将文创产业作为重点打造的新业态，充分发挥平台在宣传、客源等方面得天独厚的优势，与体验区内的芦茨民宿、茆坪非遗形成三大特色定位，吸引了农学专家、书画家、摄影师、篆刻师、瑜珈师、墙绘师等20余名创客常驻石舍，开设工作室、展陈馆等。石舍村定期举办乡村艺术集市、文创综合体验课等集群活动，借活动打造文旅矩阵，走出了一条以乡村创意旅游为特色的振兴之路。2019年，石舍村获评浙江省3A级景区村庄。

2018年以来，包括新华社、中国国际广播电台、浙江电视台以及台湾中天亚洲台在内的各类媒体聚焦石舍村，共刊播相关报道120余条（次）。借由这些重量级融媒体的"东风"，石舍村的国内外知名度越来越大，美誉度越来越高。

诗与碑

主讲人：吴宏伟
推荐书目：《桐庐石刻碑志精粹》
时　间：2020年6月4日
地　点：富春江镇石舍村

访谈

叶　莉：观众朋友们大家好，欢迎收看"'看一本书·游一座城'桐庐名家带您走进桐庐"系列直播，本活动是由桐庐县文化和广电旅游体育局全力打造，桐庐县图书馆和桐庐县融媒体中心联合策划和制作播出。今天，我们来到了富春江慢生活体验区石舍"洒秀慢书吧"来进行我们的第三期直播。石刻碑志是古人独特的记录历史文化档案一种方式。在桐庐一千八百年的建县史中，有很多历史文化是被古人用石刻碑志记录下来的，它既是研究桐庐县历史文化最原始的资料，也是非常具有价值的书法艺术品。在我身后，展示了一些拓片。拓片就是把桐庐石刻碑文的文字和图案，用墨汁拓印在宣纸上，清晰拷贝出碑文的一种技术。这些拓片都被收藏在了我手里的这本《桐庐石刻碑志精粹》书中。今天我们就非常荣幸，邀请到了这些拓片的收录者，该书的主编，中共桐庐县委宣传部文化科吴宏伟老师。

吴宏伟：大家好，我是吴宏伟。《桐庐石刻碑志精粹》主要是汇集了桐庐县公元225年（三国吴黄武四年）建县以来，到1949年新中国成立这1700多年间，历代优秀石刻拓片精粹。书里共收录了桐庐有代表性的金石碑版拓片三百多件，以历史年代为顺序，分门别类，把整个桐庐的古代金石文化精华展现给观众。某种角度上说，也展现了桐庐的千年文脉。用拓片的形式展示历代碑志，桐庐历代文脉清晰可见，从来没有间断。

叶　莉：吴老师，在石头上刻字和作画，应该也是我们中华民族的文化传统之一吧？

吴宏伟：古人为了让文化传的更久远，往往用刻碑、立碑、铸造金属器物的形式，记录历史文化事件，形成了中国特有的金石文化。

叶　莉：那我们桐庐县的石刻碑志，目前是怎样的保存情况？

吴宏伟：桐庐位于浙江西北部，富春江中上游段。文人墨客众多，文化底蕴深厚。大家都知道，我们桐庐是"中国诗歌之乡"，古往今来，数以千计的文人墨客在桐庐流连吟咏，留下了大量的诗文。在留下诗文的同时，他们也留下了书法艺术，留下了金石文化。到目前为止，据初步不完全统计，全县摩崖石刻近一百处，历代碑志两三百件以上，古代石刻楹联，也有两百对以上。当然还有很多，包括一些石刻匾额，墓砖铭文和石雕图案，等等。可能以前的数量还要多，历经千年岁月，有些已经淹没在历史当中。

叶　莉：摩崖是桐庐石刻碑志的重要种类，此外还有碑志、楹联、石雕，就是这些类型，构成了桐庐石刻体系。

吴宏伟：对，桐庐石刻最主要的就是摩崖，此外就要数碑志了。很多观众可能不理解摩崖是什么？其实摩崖就是岩石上刻的文字或图案。碑志，要对碑面进行切割修整，需要后期加工，两者平整度有区别。

叶　莉：那您是在一种什么样的情况下，或者说什么样的想法，什么样的机缘巧合之下，想到把这一些碑刻用拓片的形式保存下来呢？

吴宏伟： 我是一个书法爱好者，曾经当过教师。我生长在农村，桐庐有很多石刻碑志，散落在民间。十几年前，一次偶然的机会，我在江南镇石阜村的一个古亭里，发现了几对石刻楹联，从书法角度来说，写得非常潇洒（指着楹联拓片介绍）。

叶　莉： 这楹联确实写得非常漂亮。

吴宏伟： 我当时就产生了一个念头："这么漂亮的字，却埋没在荒郊野外，万一它消失了，怎么办？"但石柱很重，又不可能把它拆卸，如何让这些优秀的古代石刻书法、文化艺术有效地传承展示？我想到了书法中的碑帖拓片，能不能自己拓印这些石刻，通过拓片的形式把它汇集拢来，然后汇集成书，让它再传承下去。

叶　莉： 正是当初您在一个石亭当中看到了非常漂亮的一副石刻楹联，让你萌生了把这副楹联收录在这本书当中的念头吗？

吴宏伟： 有收录。我今天已经把这幅楹联的这个原拓带来了。

叶　莉： 那能给我们展示一下吗？

吴宏伟： 好，我给观众朋友们展示一下。就是这一副，我们一起来看一下。我读一下："革故鼎新，存先人手泽；以石易木，勒旅客口碑。"从这副楹联里面，我们大致可以看出来，这个亭子，原来是一个木头亭子，在民国癸亥年，也就是1923年的时候，有一个叫方裘氏的妇女，把它重新修造了。她是想做功德，亭子造好以后，用石头更换了木头，留下了旅客的口碑。书写者是当时诸暨书法名家何颂华。这副楹联深深地打动了我，所以我当时就想用拓印的技术把它传承下去。后来我通过自学，掌握了拓印这一门技术。今天展示给观众朋友们的，就是这一个石刻的原拓，大家看一看是不是非常精美。

叶　莉：这是您的第一幅作品？

吴宏伟：是，这是第一幅作品。还有一副楹联我给大家读一下内容："於此间得少佳趣，亦足以畅叙幽情。"读了楹联，我们能够想到什么呢？想到了王羲之的《兰亭序》"亦足以畅叙幽情"是吧。这其实是一幅从《兰亭序》集字楹联，写得非常潇洒飘逸。

叶　莉：对，也很有画面感！

吴宏伟：很有画面感！

叶　莉：那这副楹联您是在哪儿发现的呢？

吴宏伟：这对也是我们江南镇古亭楹联。当然了，我们今天看到的三副楹联，是其中的一个代表。其中第二副楹联已经不存在了，它已经消失在了历史的长河中。

叶　莉：在这本书当中，收录了您多少拓片呢？

吴宏伟：我拓印的石刻总数有四百多件。在这本书当中，一共收录了桐庐县有代表性的石刻拓片三百多件。我是通过实地考察，好中选优。我要确认这个东西艺术价值如何，文化历史价值如何，我要把好的有代表性的，能够体现桐庐文化艺术价值比较高的东西，想法保存下去。

叶　莉： 为什么我们拓片看到的颜色有深有浅？

吴宏伟： 每一块碑平整度都是不一样的，有些光滑的碑，可以拓的稍微颜色深一点，黑白对比更加强烈，而有些表面很毛糙的碑，想要拓的很黑的话，是很难的，所以它会出现有浓淡不匀的情况。使用拓印时，一定要取得黑白对比最佳的颜值，要达到一个最佳效果。

叶　莉： 这个难吗？

吴宏伟： 难！

叶　莉： 在江南镇看到那副楹联之前，你是没有一些实际经验的？

吴宏伟： 没有。

叶　莉： 也完全没有学过的？

吴宏伟： 没有学过。我知道有拓碑这个事，但是我没有操作过，都是从头开始自学。

叶　莉： 那是怎么入门的呢？

吴宏伟： 这个怎么讲呢？一方面要查一些理论资料，最终还是要通过自身反复实践。（我）大约也是通过一个多月的尝试，反反复复，失败再来，就跟做实验一样，一直到掌握这一门手艺为止。

叶　莉： 这门手艺其实也是一项非遗的技术。

吴宏伟： 很少有人会。当然有金石学界的人，应该都知道的，不是说会书法就一定会拓印，这个是两回事。当时有几个朋友和我一起去做，做了以后就是不成功：拓包不行，贴纸不牢，连纸张也贴不上去，上去以后又撕不下来……还与气温有很大的关系。我春季去拓印时，气温不高，纸张要弄湿，水分蒸发也慢，总是失败，最后在四五月份再去的时候才达到满意的效果。做成以后，我已经掌握了拓印技术，后期越做越顺手。拓印也是一项体力活。

叶　莉：现在，在我们直播间当中，正有3199位观众正在收看，看的朋友还是挺多的，不断地有朋友给我们发来了一些消息和评论，大家也可以通过同乐汇的直播间发评论，跟我们进行互动。这位朋友说："在雨中的洒秀乡村生活书吧里，听吴老师讲石刻碑志哈！"我们再来看看这个"吹空调的鱼儿"说："摩崖石刻和碑刻的区别，涨知识了哈！"应该是今天学到了，直播的形式很好，可以很直观地了解石刻碑志。有位朋友提了一个问题，他说："吴老师，请问拓片对练习书法有帮助吗？"

吴宏伟：当然有帮助。学习书法，比如欧、颜、柳、赵几家书法，我们都是学从这个碑文上面拓下来的书法。拓片拓得多了，见得也多了，对提高自己的书法修养和眼力有很大的帮助。像桐庐县，从三国两晋开始，一直到唐、宋、元、明、清、民国的历代碑志，只要看到碑刻，我基本上知道是什么年代。这就是看多了，观千剑而后识器！

叶　莉：那您有没有自己比较欣赏的一些碑刻书法，在拓下来之后你自己也去临摹和书写呢？

吴宏伟：当然有。其实每一块碑，都是可以用来学习的。我主要是把它拿来作为一种历史文化来研究。我们桐庐留下来很多很多历代的碑志，比如说我这本书的封面吧，我为什么拿它来做封面？那肯定是因为它的地位很重要，我解释一下。

叶　莉：这是篆书啊！

吴宏伟：对，是篆书。我认为这是我们桐庐县目前文化艺术和文化历史价值含金量最高的一件摩崖作品。这是唐朝大历年间的一幅小篆作品，到现在有1300多年。摩崖在桐君山南麓，距离水面近十米，很难攀爬。主要记载：唐朝大历年间桐庐县令独孤勉和一帮文人墨客泛舟富春江，留下的一则游览题记。大家都知道，小篆是从秦始皇统一六国以后，按照丞相李斯书写的小篆样本颁布通行的。秦代以后，小篆基本退出历史舞台，很少使用。唐代著名小篆书法家李阳冰，独步于李斯之后，书法史上将李斯、李阳冰二人的篆书并称"二李小篆"。这幅篆书的风格，跟李阳冰的篆书风格如出一辙，非常相似。李阳冰的篆书，非常珍贵，我们看到这幅，其实是相当于看到李阳冰的篆书。摩崖拓片，已经带来了，我给大家读一下原文：

殿中侍御史崔顓，桐庐县令独孤勉，尉李梲，前尉崔泌、崔浚、崔溆、崔沅。大历八年九月廿二日记，崔浚篆。

这几个篆书字体，作者书写功底很深，书法很有艺术价值。刚才有朋友问拓片对书法有什么学习借鉴作用？我告诉你，拓片就是可以拿来做字帖用的。

叶　莉：这幅拓片确实珍贵，唐朝的时候，我们已经发现了这样的字体是吗？

吴宏伟：唐代崔浚，他的书法风格和李阳冰的篆书风格几乎一样。它的艺术传承关系非常明确。像这样的艺术风格的唐代作品，在整个富春江流域，就我目前所知道的，桐庐县这幅是唯一的。北宋名士苏才翁，也是一个书法家，他听说桐庐有这么一方摩崖石刻，千里迢迢从扬州赶来观摩。他还在上面题写了几个字："皇祐庚寅夏，苏才翁来观"。一个外地人，千里迢迢跑到桐君山下来干什么？就是为了一睹唐篆风采。

…………

叶　莉：在当时，唐宋年间的时候，可见这幅作品的影响力是非常大的。

…………

叶　莉：现在有6200多位观众朋友正在收看我们的直播，吴老师，这样，您问一个问题好不好？

吴宏伟：可以。

叶　莉：问一个问题，答对的第一位观众，我们把吴老师现场拓印的这送给他。

吴宏伟：可以。

叶　莉：您想一下，问一个和我们今天主题相关的问题。

吴宏伟：请我们的摄像师把镜头推到我们这个后面的拓片上面来。这个书法是什么字体？他最流行是哪一个朝代？我的问题是这个。

叶　莉：从这个拓片当中可以找到一些。

吴宏伟：对，它是什么字体。书法字体有篆书，还有楷书、行书、草书，这个是什么字体？

叶　莉："一丝九鼎"，这个"一丝九鼎"是什么意思，我们一般都是说一言九鼎。

吴宏伟：那我给大家介绍一下吧。这石刻是严子陵钓台的一方摩崖石刻，表面很毛糙了，明朝万历年间的。

叶　莉：万历年间的。

吴宏伟：明代刘基的《夜泊桐江驿》就写到："不是云台兴帝业，桐江无用一丝风。"意思就是说，如果不是刘秀当了皇帝，严子陵啊，你就是桐庐江上微不足道的一丝风，因为光武帝赏识你了，所以你成大名了。"一丝"指代平常老百姓，指代严子陵，所以这个"一丝九鼎"可以理解为严光与刘秀，就是说把严子陵与光武帝刘秀的故事刻在了摩崖上。

叶　莉：用四个字讲了一个故事。

吴宏伟：那么这个字体到底是什么字体呢？观众朋友们答出来了吗？

叶　莉：有好多朋友答出来了，您看看对不对啊。有人说是汉代的隶书，也有人说是唐代的隶书，但是说汉代隶书是最多的。还有人说吴书。

吴宏伟：大部分观众朋友们都答对了，这字体确实是隶书。隶书的标志性的一个笔画就是蚕头雁尾，它的头像蚕宝宝一样的圆，它的尾巴呢高高的翘起像大雁的尾巴。它最早流行于汉代，当然了，唐、宋、元、明、清都有。所以答"隶书"和"汉朝"的朋友们，恭喜你答对了。

叶　莉：第一位答对的朋友是"Aaaaaaimee"，恭喜这位朋友，吴老师现场拓印的这一方拓片呢，就送给这位朋友，领取方式请您关注桐庐县图书馆的微信公众号，我们会在明天公布这个获奖的名单以及领奖的方式。

吴宏伟：嗯，祝贺你！

叶　莉：我们第二轮的话将会要送出吴老师的《桐庐石刻碑志精粹》，送多少本吴老师？

吴宏伟：16本。

叶　莉：送16本《桐庐石刻碑志精粹》。这本书里面是收录了300多方的拓片。

吴宏伟：300多方的桐庐最精粹的拓片，最精华的。

叶　莉：那么这300多方的拓片、拓印的都是出自我们吴老师他一人之手的。待会儿还可以参与我们第二轮的答题活动。从上一个题目看来我们知道的朋友还是挺多的，大家可能都是对书法有一定的爱好。

吴宏伟：说明大家对中国的传统文化都很懂。

叶　莉：嗯！吴老师，直播间里也有一些朋友提出了一些问题，想请您跟他们沟通一下，交流一下。有一位朋友他说："就是研究这些碑刻，会给您的人生带来什么样的启发和有意义的价值吗？"

吴宏伟：这个石刻，它记载的是古人的言行，古人的事迹，通过这块碑刻，我们可以知道当时发生了什么事，当时的人为什么要这么写，为什么要这么刻。研究它就能够回到古代，就是说我们要跟古人对话，要跟古人交流，可以通过碑志来交流，通过拓片来研究。对我的人生来讲，研究了这个东西以后，能够对桐庐的历史文化更加的了解，也能够启迪人生。比如说，刚才我给大家看的第一副对联，它其实是一个亭子里面的楹联。那你通过这个楹联就要考虑问题了，为什么要题楹联？为什么要造亭子？

叶　莉：那收录在您这本书当中，有没有一些比较有价值比较有意义或者说比较有趣的关于这个碑志的背后故事呢？

吴宏伟：每一块碑都有一段历史文化，每一块碑都有一个故事。

叶　莉：举几个比较典型的例子吧。

吴宏伟：那就背后这一块吧。

叶　莉：这一块。

吴宏伟：皇帝封的，"敕"就赐予，皇帝给予的，下面几个字"尚义之碑"。

叶　莉："尚义之碑"！

吴宏伟：崇尚的"尚"，忠孝仁义的"义"，"尚义之碑"。那么皇帝为什么要赐这户人家一方尚义之碑呢？这块碑大有典故。桐庐县分水镇保安片有一个叫丰收村的村庄，现在这个村子已经被水库淹没了，这个村里的原住居民姓顾。明成化年间的时候，这个村子出了一个乡绅，就是家里条件比较好的人。成化年间时，闹灾荒，老百姓流离失所，没有粮食，没有饭吃，当时朝廷立下一个制度，大户人家向朝廷捐钱、捐粮，数量多的人，朝廷给予立功表彰。这个姓顾的人叫作顾廷璧，他一口气捐了三百石大米，捐给朝廷用来赈济灾民。这是很大一笔数量了，实际上是一种仁义的行为。朝廷根据他的善行，给予他立功立碑表彰，就是通过立碑来表彰保安顾氏是"尚义之门"。然后把他们家的这个世系谱全部都刻在碑的后面。这块碑，因为历史的原因，碑额已经破碎。通过拓片，我又把它合缝起来，基本上能够看到原来的面貌。这块碑是皇家御赐的，地位很高。同时，对我们桐庐也具有很高的历史文化价值。所以通过碑文，我们就可以知道当年成化年间发生了什么事。这就是石刻碑志背后的故事。

叶　莉：这块碑您是怎么样发现它的呢？

吴宏伟：最初，这块碑是立在顾氏宗祠里的。后来村子整体拆迁，水库淹没村子的时候刚好祠堂没有淹没。这块碑就被人家弄到家里面去做洗衣板。再后来，他就把这块碑扔出来了，扔在稻田边。村里有我一个朋友吕国荣，跟我很要好，他也爱好地方文化。他发现了这块碑以后，就马上重视起来，把这个消息告诉了搞金石碑版的王顺庆老先生。他与我也是很要好的朋友。

叶　莉：王老师。

吴宏伟：王老先生听说有这么一块碑，马上来了兴趣，立即过去拓印。然后又把这件事情告诉了我,我再去看。这件事也引起了村里的重视,把它保护了起来。遗憾的是保护过程中,把石碑搬上拖拉机的时候,由于拖拉机手不当心,一个失手,碑掉在地上摔成两块。不过现在已经拼接起来了。

叶　莉:所以就是出现了这道裂纹。

吴宏伟:对,这个是永远难以修复了。

叶　莉:我觉得这又是从另外的一个角度上说明了您做这件事的价值。有好多有价值的碑,可能经过自然或人为的一些侵袭就损坏了。

吴宏伟:对,人为的,无意有意的都有。

叶　莉:所以您在趁着还能找到这些石刻碑志的时候,就把它用拓片的形式给保存下来了。

吴宏伟:我现在已经是把桐庐县各个乡镇街道,包括各个村篦头发似的梳理了一遍,凡是认为它有一定的地方文化价值的——当然书法艺术价值也比较高的——一些能够收罗,能够收录的,尽量收录。

叶　莉:您是怎么寻找的呢?就是自己到每个村落去找吗?

吴宏伟:是的,一般是这样,每一个乡镇我都要进行筛查排查,要去每个村子里察访。

…………

吴宏伟:碑志也好,摩崖也好,它存在的地方环境是不一样的。有些存在溶洞里,有些存在高山上,有些存在路基之下(还要挖出来)。

叶　莉：像您刚才说的，桐君山的那一方摩崖石刻，它是在离水十多米高的地方。有没有，比方说更高的，或者在荒郊野外更加危险的地方呢？

吴宏伟：有的。

叶　莉：比方说呢！

吴宏伟：比方说，我们桐庐"阆苑仙境"的"阆仙洞"。里面有方最高的摩崖石刻"三十七洞天"，上面是也是隶书，明代的隶书。我们知道道家讲"三十六洞天，七十二福地"。它是第"三十七洞天"，第"三十六洞天"之外的洞天，这方摩崖石刻距离地面有多高？有十多米。

叶　莉：十多米！

吴宏伟：这个地方爬不上去，必须搭台式搭架子，就是毛竹架子搭起来。

叶　莉：搭那种脚手架那样的？

吴宏伟：对，非常麻烦，而且很危险，没有保险绳。

叶　莉：而且不是说一两个小时就可以完成的。

吴宏伟：搭架子，要一天时间，然后再爬上去开始作业。

叶　莉：您站在上面。

吴宏伟：在上面拓印，要差不多一整天。

叶　莉：一整天就一直站在上面。

吴宏伟：为什么？它这个纸张贴上去干不了呀，一定要纸张干了以后才可以拓印。

叶　莉：干了以后才可以拓印。

吴宏伟：像今天这种天气是做不了的。它一定要在夏季高温的时候，等纸张水分自然蒸发。

叶　莉：又说明了一个问题，就是做拓印的环境的恶劣，要选在高温的天气。

吴宏伟：温度越高，纸张的水分蒸发越快，越有利于拓印。

叶　莉：您拓印、拓录这些东西用了十几年的时间。

吴宏伟：12年。那个时候我还没结婚，我是27岁左右的开始动手做的，其实是一个人的战斗，一个人的"文化苦旅"。后来还是有很多朋友帮忙，有些时候有些事一个人真的做不了，还是需要一些朋友的帮助，"独木难支"嘛，就这样一直做到40岁。我想在40岁的时候一定要把这本书完成了，为什么呢？

叶　莉：给自己的一个生日礼物。

吴宏伟：对，人生四十是不惑之年，我想在这四十岁的当口给自己送一份礼物，也是对社会的一个回馈。"生我者父母，养我者社会"，人生在世，毕竟要做一番事情，对社会也要有回报的。

叶　莉：在直播间里有朋友问："12年啊，您是怎么坚持下来的？"我其实心里也是这样想的，因为拓一块两块摩崖石刻或者石刻碑志是简单的事情，但是您坚持了12年收录梳理这本书，收录了300多件，拓录的应该是有500多件作品。

吴宏伟：500件不到，我是好中选优，有些碑尽管我也看到了，但是没有进行拓录。为什么？我要的就是那种有精华性的有代表性的石刻。

叶　莉：那您是怎么坚持这12年的？

吴宏伟：这个是一言难尽、说来话长了。首先就是我自己有一个人生信念吧。

叶　莉：不是就给自己40岁礼物这么简单吧？

吴宏伟：不是。这可能我有点固执，因为怎么讲呢？有句话叫什么，说得比较俗一点，"人生一世，草木一秋"，人生在世，你有一个什么东西能够为社会所记住呢？所传下去呢？我想到了司马迁，我想到了李时珍。司马迁终其一生就写了一部《史记》，李时珍用17年时间就编著了一部药物学的著作《本草纲目》。我没有他们那么伟大，但是作为一个文化人，一个文化干部，我想为家乡桐庐县的文化做件有意义的事情。尤其在桐庐金石碑版这个领域，这是一个空缺，这个领域没有人做，我想把桐庐这些最精华的东西，通过我自己的个人努力，让它串珠成线，能够让它整条文脉显现出来。我相信它一定会流传下去的，这是我做这件事情坚持不懈动力源泉。我想通过自己的身体力行，留下这部书，一直传下去，给后来的人留一份文化礼物，希望他们能够在文化的道路上面一直前行。

叶　莉：这12年当中，哪段时间最艰辛最难熬？

吴宏伟：这个艰难困苦回头一看，好像这么一眨眼就过去了。但是你想想看，都是在夏季高温，那个四十摄氏度高温下晒，那感受可想而知！

叶　莉：您就没有中暑过吗？

吴宏伟：有啊。有两次差点把命落进去。我举个例子，就是书里面有个叫《万国山摩崖》的这么一件拓片。

叶　莉：万国山也就是在现在的凤川街道境内。

吴宏伟：这个摩崖石刻非常的珍贵，当地人把这个摩崖石刻叫成"天书"。

叶　莉：因为看不懂。

吴宏伟：这，这像什么呢？像房屋，像亭子，像天线，然后这里还有一些字，还有一些符号。所以这个东西就非常耐人寻味了。当时它就深深地吸引了我。我一定要把这个摩崖石刻弄清楚，万一哪一天风化消失了呢，我必须要留下这个拓片，必须要把它拓印下来。拓印这个摩崖石刻，我光着脚丫子站在这个地方，太阳直射的，时间长了就中暑了。中暑了自己都不知道，所以抬头的时候天昏地旋，一个倒栽葱下去。下面有五六米，非常危险，幸亏有五六根小的毛竹长在那里，把我给托牢了。

叶　莉：……

吴宏伟：当时把同行的黄水晶老师给吓坏了，但我们两个人还是坚持下去要把它拓印完。拓印完以后再扛着器械下山。结果遇到一场泼天大雨，淋得我们像落汤鸡一样。人淋湿了不要紧，拓片不能淋湿，淋湿拓片就前功尽弃了。

叶　莉：那么就是花这么大的气力，拓下来拓片，它具有什么样的价值呢？

吴宏伟：开始的时候以为它是史前文字，或者是一种图文性质的东西。后来，我去拜访了美术史学界泰斗王伯敏先生。他对这个非常感兴趣，一看就知道了，他说这个东西叫岩画。

叶　莉：岩画！

吴宏伟：对，岩画。所以它是图文参半，又像图又像画。

叶　莉：岩画！

吴宏伟：这种岩画，存世量是很少的，北方地区比较多。

叶　莉：是不是当时在这个岩壁上作画，也是在一个文字和书法都不是很成熟的年代下才留下的呢？是不是很久远？

吴宏伟：我当时认为，可能会很久远，可能是 5000—7000 年，可能会更早。但是王伯敏教授认为，大致年代在元代到汉代之间，有 2000 年左右。这东西很珍贵，值得为它冒险！

叶　莉：现在直播间里就有朋友说了："做一件事容易，坚持做一件事情不容易，像吴老师坚持不懈的这种精神啊，向您致敬！说这种精神非常值得我们学习！"

吴宏伟：不敢，不敢！

叶　莉：接下来要送的这本书呢，大家刚才从吴老师介绍当中都知道了，其实是收录了吴老师 12 年的心血。

叶　莉：如果说石刻碑志是传承文化的根，那我觉得拓印应该是传播文化的繁枝茂叶了。拓片的价值就在于保存历史。没有原碑的话，那我们后人是很难了解这段历史了。吴老师，今天我们送给给观众朋友一个福利好不好？可能有很多朋友没有收看到这场直播，所以我们把一个问题就留给我们直播后，让没有收看直播的观众朋友，也能够拿到您的这本书，好不好？

吴宏伟：好的，好的。

叶　莉：请您出一个在这本书里面能够找到答案的问题。

吴宏伟：这是一方桐君山的摩崖石刻，下面我把这首摩崖石刻的题诗给大家读一下："潇洒桐庐郡，江山景物妍。问君君不语，指木是何年。"这首诗是元代诗人俞颐轩题留在桐君山上的。我的问题是个抢答题，前16名的朋友都有机会。

叶　莉：说明很简单是不是？抢答题。

吴宏伟：问题是《潇洒桐庐郡》这句诗最早是由哪一位名人所写的。这首诗是俞颐轩题在桐君山上的，他写的这位历史文化名人又是谁？请抢答。

叶　莉："问君君不语，指木是何年。""君"指的是谁呢？是这个意思是吗？

吴宏伟：对！

叶　莉：它的作者又是谁？好，那我们这个问题是留给我们直播后的观众朋友的，答对的前16位朋友。

吴宏伟：16位都有奖。

叶　莉：对，我们将要送出这一本《桐庐石刻碑志精粹》。

吴宏伟：这一本厚厚的，带有浓厚桐庐历史文化底蕴一本书送给你。

叶　莉：那您在完成了这一项工程之后，之后还有新的打算吗？

吴宏伟：这样的，每一块碑背后都有一个故事，都有一段历史。今后，我想把桐庐县重点的一些摩崖碑志深入地挖掘它的历史文化价值，把它背后的这些故事收集整理出来。目前，我已经写了将近二十万字的素材。我想还要再进行一些增减、删改，其实就是一部桐庐金石考据专著。这项工作，我想过几年以后，再展示给观众朋友们。

叶　莉： 我们期待您的新书。

吴宏伟： 谢谢！

叶　莉： 我觉得这个拓片它和照片相比的话，它更能够把原物本身的一种气质精神，它的灵魂，它的文化内涵，用最原始、最本质、最忠实和最朴素的方式给表现出来。黑白拓片，刚才我也是亲手跟吴老师学了一下，体验了一下，它上面的纹路肌理清晰可见，这是逝去的岁月，也是活在纸上的一段历史的展现。请问一下吴老师，您能不能形容一下您心里的桐庐、脑海里的桐庐，是怎么样的一个桐庐？

吴宏伟： 我们桐庐的山水环境很美。如果要用一句诗来讲的话，那就是"钱塘江尽到桐庐，水碧山青画不如"了。桐庐山水环境好，我们的人文底蕴就是"问君君不语，指木是何年"，一下回到四千年前了。

叶　莉： 所以说在今天这一个小时的访谈过程中，我就感觉又是一场古今穿越。有一句话在我脑海里不断浮现："为什么我的眼里常含泪水，因为我对这片土地爱得深沉。"在我们城市建设当中，可以说政治是骨骼，经济是血肉，文化是灵魂！文化的力量总是润物细无声的，成为我们的精神，也是成为我们城市继续发展的一个更好的推动力。

感谢吴老师做客我们今天的直播间，谢谢您！观众朋友，今天的"'看一本书·游一座城'桐庐名家带您走进桐庐"系列直播到这里就结束了，下期节目我们再会。

大美崧山 程忠 摄

畲族表演

现场布置

直播现场

089

直播互动

好书《桐庐味道》线上直播推荐

文旅中国 铭蔓 张宇 2020-06-19 多伦

6月18日下午,由浙江省杭州市桐庐县文化和广电旅游体育局主办,桐庐县图书馆、桐庐舞象文化传媒有限公司承办的"看一本书 游一座城"桐庐名家带你走进桐庐系列活动好书《桐庐味道》(第四期)线上直播推荐活动,就围绕着桐庐县莪山畲族乡开播,直接吸引1.53万人次围观、互动。

文旅中国推文

莪山畲族乡莪山民族村

莪山民族村位于乡政府集镇所在地，面积4.09平方千米，2005年由原来的山阴岭、山阴湾、西金坞三个行政村合并而成。全村共有8个自然村，18个村民小组，622户，总人口1926人。其中，畲族人口数564人，占全村总人口数的29%。莪山民族村先后被评为浙江省民族团结进步小康村和省级传统文化村落，2019年被列入第五批中国传统村落名录。莪山民族村素有种植、养殖的传统，目前种植毛竹、高节竹有3000多亩。

莪山民族村党委下设3个支部，共有党员111名。截至6月，村集体收入57.2万元，经营性收入39.1万元，率先实现"5030目标"。近年来，莪山民族村围绕"风情莪山、一核两翼"的党建目标，实施美丽城镇示范创建、西金坞人居环境改造、山阴坞国家级传统村落建设等项目，着力将莪山民族村打造成为极具畲族风情韵味的特色村寨。

西金坞自然村位于莪山民族村北部，面积约 0.24 平方千米，村民居住的区块约 55 亩，其余为山地、农田和水塘。户籍总人口 292 人，91 户，常住人口不到 100 人。整个村庄山岭绵延，梯田绕坡，村民集中居住的区块东、西、北三面环山，南面临水，只通过一条长约 1.2 千米的村道与外界相连，恬静柔美、神秘而引人探寻。西金坞自然是全乡首个垃圾分类示范点，形成垃圾分类工作"365 天"全覆盖、零盲区、无死角，在西金坞"跟着垃圾去旅游"已经成为一种新时尚。同时，该村积极导入精品民宿、创意设计、休闲旅游、文化游学等产业，推广"畲乡十大碗""长桌宴""迎宾礼"等文化活动，传承畲乡彩带、草鞋、香囊等传统工艺，将西金坞打造成了农文旅融合振兴示范区。

山阴坞自然村位于莪山民族村南部，面积 0.28 平方公里，下辖 3 个生产小组，62 户农户，总人口 235 人。2019 年山阴坞被列入国家级传统村落保护，村内资源众多，有历史古建筑李氏花厅，有水体资源山阴坞水库，有高端民宿"云夕·小熊堡"等。

诗与民俗

主讲人：周保尔
推荐书目：《桐庐味道》
时　间：2020年6月18日
地　点：莪山乡莪山民族村

访谈

叶　莉：观众朋友们，大家好！欢迎收看"'看一本书·游一座城'桐庐名家带你走进桐庐"系列直播活动。本活动由桐庐县文化和广电旅游体育局全力打造，由桐庐县图书馆和桐庐县融媒体中心联合策划制作。今天我们来到了莪山畲族乡，进行第四期的直播。在前三期的节目当中，我们围绕着描写桐庐的七千四百首的古诗词，提到了"唐诗西路"的桐庐是中国山水诗的发祥地，一起品尝了诗中的茶，一起观赏了碑上的诗。那么，今天第四场直播，我们将要推荐什么书，讲什么样的故事呢？首先我要邀请出我们今天的嘉宾，他就是桐庐县诗词楹联学会名誉会长、桐庐县餐饮协会一桌好菜研究院院长、"江南时节"非遗传承人、文史专家周保尔老师。周老师欢迎您。首先跟我们直播间的观众朋友们打声招呼好吗？

周保尔："三吴行尽千山水，犹道桐庐更清美。"大家好！欢迎来到直播间。

叶　莉：欢迎周老师。您出场时给我们念的两句诗，其实是出自苏轼的一首诗，非常有名。那您为什么要在节目开始先带来两句诗呢？

周保尔："三吴"是一个地理概念，原来指的是"吴兴""吴郡"跟"会稽"这样一个具体的地方，后来泛指长江中下游江南地区，一个很大的地方。所以在这么大的一个范围，"犹道桐庐更清美"。

叶　莉：桐庐山水更吸引苏轼。

周保尔：桐庐这个地方，在长江中下游这个山川地理中尤清美，最清美。

叶　莉：那您提到的最好的诗词，跟您今天要推荐的书有关系吗？

周保尔：我们要先知道了解桐庐。桐庐在钱塘江中游，"富春江"在钱塘江的核心位置。钱塘江是浙江的母亲河，而桐庐刚好在这个中心位置，是一个活水码头。现在我们就来演绎一下苏东坡这首诗里面的美食故事怎么样？

叶　莉：原来这首诗背后还有一个和美食有关的故事啊，苏东坡是个大美食家我们都知道。

周保尔："天下第一美食家"。

叶　莉：那苏东坡也来我们桐庐吃过桐庐的美食吗？

周保尔：苏东坡在职杭州的时候，送一个朋友到江西去任职。

叶　莉：也就是这首诗当中的另一位主人公江公著就是。

周保尔：诗的题目叫《送江公著知吉州》。他们从杭州出发，一叶扁舟溯江而上，奇山异水天下独绝，到了桐庐这个码头，差不多一半路程，先歇一歇，要补给。可以想象，当时的桐庐是一个怎么样的繁华景象呢？

叶　莉：它是水路的交通要道，商贾云集之地。

周保尔：它处在一个中心的位置，所以古诗说"古来潇洒称名郡，莫把繁华数汴州"。《清明上河图》你知道吗，当初的桐庐像《清明上河图》当中描写的汴州那样，茶肆林立、商船上下、商贾云集，是一个非常繁华热闹的地方。苏轼携友人来到桐庐县城以后，选了一家酒店，我们就姑且叫它"桐江饭店"。他们临江而立，打开窗户以后，分水江跟富春江交汇，桐君山赫然在目。苏东坡一看这么好的景色，"三吴行尽千山水，犹道桐庐更清美"。就脱口而出。你刚才也提到了苏轼不仅是大文豪，也是一个大美食家。

叶　莉：就比如说大名鼎鼎的东坡肉嘛。

周保尔：他发明了很多的菜肴，如东坡肉、羊排，等等。

叶　莉：那我就好奇，究竟是桐庐的哪一道菜肴哪一道美食，把他给迷住了呢？

周保尔：请客吃饭，鸡是第一位的。俗话说，"无鸡不成宴嘛"。苏东坡送朋友到江西去任职，桐庐这么好的码头，吃一餐饭怎能不丰盛点呢。

叶　莉：那么好的美景，怎么能没有美食呢。而且一定要自己像亲自下厨一般去指导厨师，才能够体现出自己对朋友的情谊。

周保尔：所以他就到厨房里面指导大厨烧了一个神仙鸡。

周保尔：结果这个鸡做好后，打开盖子，整个饭店充满了香气，就餐的人吃饭的纷纷人闻香而至。

叶　莉：被香气吸引过来了。

周保尔：神仙鸡的烧法，不是用明火的，是把鸡摆在锅子上的盐巴上,这种锅我们叫"鑊",通过盐巴的温度来把鸡焖烂。所以民间有这么一句话叫"千滚不如一焖"。

叶　莉：千滚不如一焖。

周保尔：焖,焖的是最好。这个鸡的外观还是完整,但是它的肉已经酥烂了。

叶　莉：现在有一些外来的亲朋好友来桐庐吃饭,我们点菜的话肯定会点这道神仙鸡。

周保尔：这道是必点菜。

叶　莉：那我们再回到诗词上面,也就是说我们桐庐独特的地理条件和山水资源,吸引了很多文人墨客纷至沓来,但来的话离不开美食,对吗?

周保尔：对。

叶　莉：所以,您今天给我们推荐的书,一定是跟吃有关的。

周保尔：对

叶　莉：我们今天的主角终于亮相了,叫做《桐庐味道》。

周保尔：杭帮菜之"桐庐味道"。

叶　莉：那您能给我们介绍一下这本书主要是讲了什么吗?

周保尔：那……在讲之前,是不是要出一个题目跟大家互动一下啊?

叶　莉：好,您今天真的是有备而来。接下来是要给观众朋友出的题目是什么?

周保尔：桐庐这么一个好山好水的地方，是中国最美县。这个题目是这样的，桐庐的地域面积是多少？是一个怎么样的山川形势？

叶　莉：问题是我们桐庐的地域的面积是多大？现在有1380多位观众正在收看我们的直播。那么我们接下来就把这个问题留给我们直播间的观众朋友，桐庐的这个地域面积有多大？有多少平方千米？答对的前5位观众，我们今天第一轮送书就送他这本《桐庐味道》。这本书是由我们的周保尔老师主编的。

周保尔：有好几个答对了。

叶　莉：大家都纷纷回答，是1825平方公里。

周保尔：1825平方公里。这个数字是不是很熟悉啊？

叶　莉：很熟悉！

周保尔："一把二胡"（1825）。

叶　莉：这个谐音真的是好巧妙啊。

周保尔："一把二胡"，它能够拉奏出我们桐庐人文历史的美妙的乐章，也可以拉出桐庐饮食美食文化的篇章啊。

叶　莉：我们首先答对的5位观众将会得到您的这本《桐庐味道》。那么我把这个截屏发给我们工作人员，因为有好多朋友他只有一个头像并没有名字，所以我没有办法在我们直播间当中来公布这个获奖的，例如我们第一位朋友，他的这个头像没有名字是一个图片。答对的朋友，我们将会通过我们桐庐县图书馆的微信公众号，来公布我们具体的领奖方式。大家可以关注桐庐县图书馆的微信公众号，明天将会来公布领奖方式，以及获奖的观众。第一轮我们送出了 5 本《桐庐味道》，那我们接下来还是回到这个书的主题上，来说一说这本书好不好？

周保尔：好的。

叶　莉：我想先切一下题，"桐庐味道"到底是一种什么样的味道呢？

周保尔：桐庐的姚天官，姚夔是明代时候的两部尚书，他在诗中写道"桐庐之山郁以纡，桐庐之水清且迁""最喜泉甘土更沃，况复鱼鲜米胜珠"。他把桐庐的山山水水，包括食材都描绘了。

叶　莉："况复鱼鲜米胜珠"，也表达出我们桐庐不仅是自然资源美，而且物产资源也是非常丰富的。

周保尔：所以我要讲的就是桐庐真山、真水、真空气，原汁、原味、原生态。好食材做好菜就是硬道理。所以说"桐庐味道"是一个什么样的味道呢？我们桐庐的著名作家陆春祥老师为这本书写了一个序言，题目叫《家的味道》。他说家的味道就是满满的乡愁，孩子时候的味道。这个是非常值得大家去体会的。

叶　莉：他的形容就是桐庐味道其实是家的味道，那这是我们每个桐庐人的理解。妈妈的味道，家的味道，这其实应该说是我们桐庐人的一种乡愁。

周保尔：舌尖上的乡愁。

叶　莉：桐庐的菜，比方说它的口味它的做法，偏向于哪一菜系，具体是怎么样的一种味道呢？

周保尔： 桐庐县餐饮协会的吴土荣会长，在接受央媒采访的时候，介绍了桐庐味道是三色融合。

叶　莉： 三色融合？

周保尔： 我们不是讲菜肴有色、香、味吗，"三色融合"讲的是徽菜的底色。

叶　莉： 徽菜的底色。

周保尔： 就是原色从徽菜而来。

叶　莉： 口味、基底偏向徽菜。

周保尔： 杭菜的秀色。

叶　莉： 它的形应该是偏杭帮菜的，非常美。

周保尔： 就是造型。有句话叫"秀色可餐"，而我们做餐饮的人就是要"餐色可秀"，把好吃的东西要展示出来。第三个色，就是桐庐本地特色。

叶　莉： 凭我个人的理解，我觉得徽菜是比较注重口味的，但是在形上面，就是在色上面，可能就是没有我们桐庐菜更加秀美一点。

周保尔： 徽菜呢重油、重色、重味，这一点在我们桐庐民间也是这个味。但是我们这叫土菜，民间的土菜精致像杭帮菜一样的摆台（出品）。摆台很要紧，同样一个菜，如果摆台档次高，那就提升了这个菜的档次。俗话说，"好菜不如好器"。

叶　莉： 好器也就是我们所说的器皿，也很重要。

周保尔："盘碗错落，参差杂进"（原句：碗盘参差，整散杂进，出自袁枚《随园食单·戒落套》），摆台的时候，这个就是一桌好菜。

叶　莉：刹那间我想到了桐庐的山水。

周保尔：要错落。

叶　莉：错落有致。刚才主要说了我们这个桐庐的菜系，那么在我们桐庐的这些菜肴当中，有没有一种可以特别能够代表我们桐庐的美食呢？

周保尔：《桐庐味道》这本书出版以后，被杭帮菜研究组组长周鸿承博士喻为"桐庐人的'随园食单'"。这本书写了桐庐的名宴、名店、名菜、名点、名厨，还有我们桐庐饮食美食文化的美文，桐庐美食文化的底色。其中最具代表性的，就是我们桐庐家宴，叫"十六回切"，你听说过吗？

叶　莉：十六回切？相当于我们桐庐的一个"满汉全席"。

周保尔：我们这个十六回切起于宋代，到了清代的时候已经非常的普遍。所以叶浅予老先生在他的《回忆录》中说，他小时候经常跟着妈妈参加十六回切的宴席。

叶　莉：就是去做客。

周保尔：他自己说他是清末的"遗童"，出生在1907年。那么，那个时候他跟着妈妈能够去赴宴也就是七八岁或十来岁。也就是说清末民初，在桐庐县城，十六回切还是有的，不过后来就断了。所以2015年我在编《桐江美食》的时候，就开始研究十六回切、挖掘十六回切的一些资料，最终在叶浅予老先生的《回忆录》中找到了文字依据。

叶　莉：他对十六回切还是有记忆的。

周保尔：他的文章叫《十六回切》，他的画叫《十六回切》，他的诗也叫《十六回切》。在他的诗、书、画当中，我们慢慢地把十六回切恢复出来。

叶　莉：其实他跟着妈妈经常去赴宴吃十六回切的时候，他还是个孩童，那他对每一道菜，怎么会有那么深刻的印象记忆呢？

周保尔：因为叶老非常爱家乡桐庐。我曾经主编过一本《叶浅予与故乡桐庐》。里面就讲到，他非常爱桐庐。因为他离开家乡早，离开桐庐很早，所以对小时候吃的一些桐庐的菜肴总是忘不掉。他是当代书写桐庐美食文化的第一人。他对十六回切的完整记录，是他看望自己的表姐胡家芝老师，两人共同回忆记录下来的。那时候因为物质匮乏，摆上桌的鱼是不能吃的，摆摆样子。后来甚至出现了煮木头鱼摆桌的故事。现在食材已经极大地丰富，菜品也远远要超过以前，但是我们在文化上要继承叶老所传承下来的一些礼仪，这一些程序。桐庐业界拜叶老叶浅予为"中国画魂，桐庐食神"。他是真正地热爱桐庐，这一点从他对小时候家的味道妈妈的味道的怀念就可以体现出来。

叶　莉：应该说，他不仅是记录了十六回切，同时也间接地让我们知道了以前的一些家风习俗和传统文化。就像您刚才提到的，以前的时候可能食材并不是那么丰富，所以我也听老人说过，特别是过年的时候，桌上摆一道鱼，客人是不去动的。

周保尔：所以他也写道，当他要去吃鱼的时候，被妈妈啪的一下挡下来了。

叶　莉：刚才我们讲了十六回切和如何挖掘十六回切背后一些故事。今天，我们的这个直播地点也是特别选在了莪山畲族乡。其实它也是我们杭州地区唯一的少数民族乡。那么，莪山畲族他们的美食有什么与众不同的地方吗？

周保尔：莪山是"中国畲族第一乡"。国家民委来授牌时，我还很荣幸地受邀担任了莪山乡的创建畲族第一乡的文化顾问，所以在这个方面比较了解一点。你要说这里有什么好看的好吃的，那确实有很多，被称为是"云顶之上的风景"。

叶　莉："云顶之上的风景"，这名字取的好有画意、诗意。

周保尔：也被美誉为"秘境深处的味道"。莪山畲族来到莪山有一百三四十年的历史，在这个漫长的过程当中，多民族融合发展，共生共荣，和谐相处。同时，莪山畲族乡畲族人也最大程度地保留了畲族特有的生活习俗。畲族人自称为"山哈"。

叶　莉："山哈"。

周保尔："山哈"是什么意思呢，就是住在山里的客人。因为从别的地方移居过来时畲族住在山里面。山里面只有靠山吃山，所以这个"畲"字也有"刀耕火种"的意思。畲族人非常勤劳勇敢，他们披荆斩棘、开垦种地、发展生产。因为他们是一个族群一个族群、一家人一家人地陆续迁来，分散在山头，所以当有客人造访时，他们都异常高兴，会把家里所有好的东西都拿出来招待。

那么畲乡有哪些好吃的呢？你知道有哪几样吗？

叶 莉：我知道的有红曲酒、笋，还有龙须，以及我们今天的这个粽子——黄金粽。每个地方叫法不一样，有的地方叫灰汤粽、灰碱粽。我感觉我们这里的名字比较美，叫黄金粽。

周保尔：对。畲族的美味有很多，刚才提到的龙须就是典型的干货。它是用番薯制作的，也是畲族主要的粮食。龙须可以做成精美的炒龙须，现在有一个好听的名字，叫"龙凤呈祥"，用鸡汁来炒。这一次浙江省搞的"诗画浙江，百县千碗"，我们也推出了莪山炒龙须。

叶 莉：炒龙须。

周保尔：包括刚才开始讲的神仙鸡。我们说桐庐的神仙鸡，就是神仙鸡当中的"战斗鸡"。说起鸡呢，山哈也有土鸡煲。

叶 莉：土鸡煲。

周保尔：畲族人也有自己一套美食养生的体系。

叶 莉：体系。

周保尔：比如说用老的青藤根来炖鸡，就有强筋健骨的功效。

叶 莉：本身在山上长的鸡，也是筋骨非常好的。

周保尔：就是跑山鸡。

叶　莉：跑山鸡。

周保尔：我们叫这种鸡为"虫草鸡"。

叶　莉：畲族好像是叫跑地鸡。

周保尔：跑地鸡在山上跑，吃的是虫草，也叫虫草鸡，所以品质非常好。畲族人是用白炭火炖，再加上青藤根，那真是美味。

叶　莉：要用炭火炖。

周保尔：畲乡美味还很多，像红烧稻香鱼啊，红糖糯米粿啊，这些都是畲乡畲族人的美食。这里特地要说一说这个黄金粽。

叶　莉：黄金粽。

周保尔：一听黄金粽这个名称，就有了食欲。对吧？

叶　莉：我就觉得这里是个有文化底蕴的地方，美食取的名字都特别诱人，特别有学问。现在直播间里，有4653位观众在看我们的直播。周老师，今天呢我们也是特别请来了一位手艺好的畲族大姐，她来现场给我们包黄金粽，我们去看一看好不好？这边是已经包好的，那边是……我这个糯米的颜色呢，有一点偏黄。

周保尔：有一点金黄。

叶　莉：金黄色，所以这个也就是我们的特别之处。

周保尔：这个米，是用这个黄金柴烧出来的灰（汤）来浸泡。

叶　莉：黄金柴，其实也是我们特有的一种药材。

周保尔：黄金柴有清热解毒的功效。

叶　莉：清热解毒祛湿。

周保尔：通过在灰炭汤里面浸泡，这个成分就吸收在这个糯米之上（中），黄金柴本身也很清香。

叶　莉：我们首先是要选用黄金柴，把它烧成灰，然后还要在水当中过滤。因为它毕竟是有灰的嘛，也就是把这个灰给过滤掉。

周保尔：沉淀，沉淀以后上面的清水。

叶　莉：清水拿来再来泡糯米。

周保尔：不是说把灰弄进去。

叶　莉：我知道，其实在我们桐庐，或者说其他的浙西的一些地方，也有类似这样的粽子，但是叫法不同。就刚才我提到过的，比方有灰汤粽、灰碱粽，但是可能不一定说每个地方使用的都是黄金柴。

周保尔：用黄金柴做黄金粽，这是畲族的一个传统。

叶　莉：有的地方可能会用稻草之类的。

周保尔：有的地方就是用其他的草，只要有碱性灰汤就行了。

叶　莉：阿姨的手艺非常好，好漂亮啊！你看这个粽子，小小巧巧有棱有角，而且那么大一个红豆沙馅都要放在里面。接下来我们就是需要煮了对吗？

畲族大姐：对。

周保尔：一般要煮多长时间呢？

畲族大姐：一般煮到4—5个小时，粽子会比较好吃一点。

周保尔：这时的黄金粽吃起来特别的软、糯、香、甜。

叶　莉：周老师，我们现场也准备了一些煮好的黄金粽，我们尝一尝好不好？也给直播间的观众朋友们更加直观地看一下我们煮好的黄金粽是什么样的。

有一股清香。经过这种工艺，黄金柴的工艺浸泡出来的米，产生的味道也会有一些不同的吧。

周保尔：一个就是有黄金柴本身的香味；还有就是碱性的物质来了以后，糯米就更加糯了。

叶　莉：可以看到我剥出来的这个粽子，我们就可以看到它这个金黄色的色泽。

周保尔：这个也是吉祥如意、美好的一种象征。所以畲族人在过节的时候搞活动的时候，都要包这个黄金粽，大家来分享，是不是这样啊？

畲族大姐：对。

叶　莉：我觉得黄金粽和一般的粽子相比较，它的口味可能是更加的糯一点。

周保尔：软。

叶　莉：软中有劲道的感觉。

周保尔：因为它煮的时间长，煮得非常透软。

叶　莉：好的，我们继续回到我们直播当中。黄金粽说完了，那欢迎各位朋友继续回到我们的"'看一本书·游一座城'桐庐名家带你走进桐庐"的系列直播活动当中，我们继续来说一说我们今天的主角——《桐庐味道》。刚才我们已经说过了《桐庐味道》，包括说到了最可以代表桐庐形象的美食"十六回切"。接下来我想问一下周老师，在我们七千四百多首和桐庐有关的诗词当中，出现过最多的食材是什么呢？

周保尔：刚才其实也提到了，在桐庐的美食当中，有代表性的宴席，而宴席就是由菜组成啊。例如"十六回切"，它有四干果、四鲜果、四甜食、四冷荤、四热炒、四饭菜、四点心，这么下来的话就是有二十四个菜，暗合了一年四季二十四个节气。所以这个菜肴的总数也是符合了生活的节奏的。因时而食、因季而食，就是这个道理。

叶　莉：都是有道理的。

周保尔：2015年浙江省诗词与楹联学会就授予了桐庐"唐诗西路"的牌子。我们现在有几千首（关于桐庐）的古诗词，在这些古诗词当中，也出现了赞美桐庐美食的诗词，你能来一首吗？

叶　莉："潇洒桐庐郡，清潭百丈余。钓翁应有道，所得是嘉鱼。"这个可能是我们小学生都会背的十绝。

周保尔：这是范仲淹写的《潇洒桐庐郡十绝》当中的一绝。

叶　莉：这里面是提到了鱼。

周保尔：桐庐富春江的江鲜"嘉鱼"很多啊。

叶　莉：那是不是说，我们诗词里面提到的最多的是鱼呢？

周保尔：最多的食材应该是鱼。

叶　莉：应该是鱼。

周保尔：因为桐庐有这么好的山水啊，这么好的环境，那么桐庐的江鲜应该是第一位。

叶　莉：江鲜。

周保尔：江鲜就是嘉鱼啊。就说说桐庐很有名气的"鲥鱼"。

叶　莉：鲥鱼。

周保尔：虽然说现在没有了，但是这首诗还在。清代聂镐敏一首诗："山城一夜雨蒙蒙，七里滩前水拍空。五月鲥鱼真入网，使君孚信及鳞虫。"就是写鲥鱼的。郭沫若也写过关于鲥鱼诗句。他来的时候，鲥鱼已经过了季节了。所以，他写了一句"鲥鱼时已过，齿颊有余香"。他直接在想象当中吃鱼。还有写子陵鱼的。

叶　莉：子陵鱼，这也是我们桐庐特有的一种鱼。

周保尔：子陵鱼是桐庐特有的，严子陵钓台的鱼，被称为是"半寸银花，桐江上番春风起，独坐钓矶"。这首词里面写的子陵鱼。还有写鳊鱼的，如"富春江水接桐庐，缩项鳊鱼味最腴"。

叶　莉：对，最肥的是缩项鳊鱼。其实在我们第一期节目当中董利荣老师也特别跟我们提到了这首诗，因为他的一本书当中有一篇提到了这首诗当中的风物美味。刚才我们说到鳊鱼、鲥鱼，还有子陵鱼，都出现在诗词当中。还有其他的吗？

周保尔：有潮鱼。

叶　莉：潮鱼，也是我们桐庐人比较喜欢拿来晒鱼干的。

周保尔：还有毛鲚鱼，就是刀鱼。姚夔的弟弟给他寄来潮鱼，在给弟弟的回信当中就有"潮鱼虽短味偏长，嫩韭蒸来满口香"的诗句。潮鱼可以用韭菜一蒸啊也是很美味的。

叶　莉：韭菜蒸潮鱼。现在还有人这么吃吗？

周保尔：现在不太吃潮鱼了。

叶　莉：潮鱼用来晒鱼干的会比较多一点。

周保尔：现在桐庐白鱼、白鲈鱼、船丁鱼、鳊鱼这一些鱼，也是非常的丰富的。

叶　莉：关于白鱼，有一首诗是这么写的："竹暗翻朱鸟，滩清数白鱼。"这是一首专门写白鱼的，还有写鲤鱼的。

周保尔：鲤鱼也有。

叶　莉：所以说，出现在我们桐庐的历代的诗词当中最多的食材，应该是鱼了。

周保尔："所得是嘉鱼。"

叶　莉："所得是嘉鱼。"

周保尔：在我们桐庐，这个叫"桐江清蒸白鱼"。这一次我们"百县千碗"当中推荐的，也是桐庐的清蒸白鱼。

叶　莉：其实叶老他也有一首顺口溜式的诗是关于白鱼的。

周保尔：对，十六回切诗里面，他就提到了。

叶　莉：那么白鱼也是我们十六回切里面的一道菜吗？

周保尔：应该也是这一道菜。叶老在十六回切的诗当中写到

"十六回切四点心",那后面一句就是"清蒸白鱼熬馄饨"。他还列举了"干烧螺蛳"。干烧螺蛳我们这一次也推荐了。

叶　莉：干烧螺蛳。

周保尔：对,干烧螺蛳,就是红烧螺蛳。

叶　莉：周老师,我们现在直播间现在有8779位观众正在收看我们的直播,都在跟我们互动。有人说"黄金柴在做豆瓣酱的时候,可以盖在那个煮熟的豆子上面,豆子可以很快出'绿毛'"。

周保尔：是有这样的说法。

叶　莉：也有朋友提出了一些问题想和您交流一下。有一位叫"空空"的朋友说:"我是无鱼不欢的人,去过很多地方,但是我就觉得我们桐庐的这个江鱼是最鲜美的。"这其中有什么原因吗？

周保尔：说起桐庐的鱼,我们有一句话"想吃鱼到桐庐"。

叶　莉：还有一位朋友他回复说"大美桐庐,好水养好鱼"。

周保尔：桐庐的鱼为什么会好呢。具体来讲,像我们这里的鲥鱼、毛鲚鱼等海里的洄游鱼,它们到河流中产卵的时候一定要经过窄溪。它们逆流而上,是不吃不喝拼着命来的。像鲥鱼它要到严子陵钓台那个地方去产卵,它是奋力向上游的,那为什么到窄溪这个地方要过来呢？

叶　莉：窄溪有什么特别的呢？

周保尔：窄溪是钱塘江最窄的地方。这个地方水深流急,通过这个地方的鱼，个个都得是"运动健将"。那这个鱼就自然好吃了。而且游到桐庐的，它的海里的这种味道属性就基本上褪尽了，所以这个味道特别的好。接下来，县里面七月初要在窄溪这个地方举办开渔节跟富春江的鱼宴。欢迎大家来品尝。

叶　莉：有一位叫"吹空调的鱼儿"的朋友问"十六回切"去哪里可以吃?

周保尔："十六回切"现在的保护基地是中华餐饮名店，国贸的七里人家可以预约。

叶　莉：有一位叫"云朵"的朋友，他说："周老师，诗词当中有味道，味道当中有诗词，将来有没有可能搞一个诗词美食展?"

周保尔：这个提议非常的好，很有诗意。美食要通过诗词来呈现，诗词当中有美食，美食当中有诗词。我们现在也正在这么做，邀请了一批作家、诗人，一批美食的写手来写。接下来我们还要在民间寻找"美食达人"，在全县范围内，还要评选美食家。

叶　莉：我们有没有把历史当中、古诗词当中，还有典故当中的一些味道美食加以开发和改良呢?除了我们知道的"十六回切"之外，还有没有，比方说具体的某一道菜肴或某一个宴席。

周保尔：我们现在在做的工作当中，其实很多都是在传承当中弘扬。比如说药祖桐君，他不仅是这个药祖，也是美食文化的一个奠基人，特别是药膳养生美食。

叶　莉：药膳?

周保尔：药膳！桐君老人在桐庐的故事呢，大家耳熟能详了，桐庐的来历也跟他有关，所以桐庐民间，也吸收了很多桐君关于药膳养生的这一些知识。现在传承发扬下来的一个典型的菜，就是"三两半炖鸡"。

叶　莉："三两半炖鸡"和"神仙鸡"有什么区别呢？

周保尔：有区别，因为这个是药膳。构成它的"三两半"是什么呢？

叶　莉：黄芪是不是必不可少的。

周保尔：对，黄芪一两，党参一两，丹桂一两，还有就是牛膝，这些都能补气血。

叶　莉：补气血的。

周保尔：强筋壮骨的炖鸡，通过几个小时的炖熬以后呢，是既美味又健康、养生。有这么一句话："药食同源"。现在，人们把这些统称为"养生美食"。

叶　莉：像这样的一些养生美食，我们也可以在桐庐吃到吗？

周保尔：可以。比方说"桐君堂"餐厅，在那里，就可以点"三两半（炖鸡）"。

叶　莉：我们刚才说到的是《桐庐味道》这本书，而这本《桐江美食》其实也是一本讲述我们桐庐传统饮食文化的书籍。

周保尔：对，《桐江美食》是桐庐第一本关于美食的书，这是2005年我第一次编的，《桐庐味道》可以说是对这本书的延伸。

叶　莉：我们接下来来进行今天的第二轮送书好不好。除了送书之外，我们还有一个升级版的礼品，就是参与我们节目的人，除了这本书之外，还可以得到黄金粽的大礼盒一份。那这样吧，我们今天说的这个主题是美食，但是也是离不开我们桐庐的历史文化，也就是我们的诗词文化，所以我想接下来这个题目就是请大家来补充一下刚才您给我提的问题好不好？您刚才问我就是说美食和诗词有关的一些诗句能不能说的出来，我想把这个问题抛给我们的观众好不好？

周保尔：好，这样就是"诗中有美食，美食中有诗"这样一个互动嘛。

叶　莉：接下来我们第二轮问题就是：请大家来说出一句或者几句和桐庐美食有关的桐庐诗词。

周保尔：如果关注桐庐诗词的话，这个不会太难。

叶　莉：我们来看一下，已经有很多朋友发来了。"笑口常开"说："潇洒桐庐郡，清潭百丈余。钓翁应有道，所得是嘉鱼。"这个刚才其实我已经回答过了，但是能把诗写出来，也说明他是一个诗词爱好者。

周保尔：对。

叶　莉：我们还是选取答对的前5位观众，每一位观众将会得到这本书以及我们的黄金粽礼盒一份。还有一位朋友说的是这个："十六回切四点心，干烧螺蛳拌春笋。油炸臭干鸡子饼，清蒸白鱼熬馄饨。"这个其实就是……

周保尔：叶浅予的诗。

叶　莉：就是叶老先生的诗，我们就从这位朋友开始算第一位，接下来重复的话那我们就不算了。接下来这个"空空"说："严陵台下桐江水，解钓鲈鱼能几人。"

周保尔："莼鲈之思"的这个典故，也是提到了。

叶　莉：还有一位朋友说的这个就比较长了："桐庐县前洲渚平，桐庐江上晚潮生。莫言独有山川秀，过日仍闻官长清。麦陇虚凉当水店，鲈鱼鲜美称莼羹。"这个也是说我们桐江的鲈鱼。还有一位朋友发来这首："昨日草枯今日青，羁人又动故乡情。夜来有梦登归路，不到桐庐已及明。"这是方干的一首思乡诗，方干就是在梦中梦到了故乡桐庐。很遗憾的就是，我们这首诗当中没有提到桐庐的食材。

今天答对的前 5 位朋友可以获得这本《桐庐味道》，以及今天另外一个主角——黄金粽。获奖名单和领奖方式，我们将会在明天的桐庐县图书馆的公众号当中向大家公布，大家可以关注我们这个桐庐县图书馆的这个公众号。我们今天的这个节目，时间也接近尾声了。其实感觉说到美食的话，每一个桐庐人都会滔滔不绝，就感觉说到这里仍意犹未尽。

周保尔：天下美食，桐庐味道。全国最美县欢迎全国各地的游客朋友到桐庐来品尝桐庐美食。

叶　莉：享受美食是人生当中的一大乐事，佳肴不仅可以饱腹，也可以了解佳肴背后的一些文化背景和历史故事。所以说，我觉得美食能够传承文化，也能够品味历史。

周保尔：对。

叶　莉：好，谢谢周老师做客我们今天的直播间，谢谢您。

周保尔：谢谢大家。

叶　莉：也感谢我们直播间各位观众的互动。关于我们今天的直播的领奖方式，大家请关注明天的桐庐县图书馆的微信公众号，会进行公布。我们第四期的"'看一本书·游一座城'桐庐名家带你走进桐庐"系列直播，就到这里结束了，感谢各位的收看。下期直播我们再见。

周保尔：再见。

君山四季观桐郡　张军 摄

桐君山

工作现场

直播现场

119

直播互动

文旅中国推文

桐 君 山

桐君山位于富春江、分水江汇合处,与桐庐县城仅一水之隔。桐君山高60米,素有"小金山""浮玉山"之称,是桐庐县的核心灵魂。此山两水交带,一峰突兀,平潭澄碧,茂林葱郁,修竹蔽荫,为富春江名胜之一,也是国家级重点风景名胜点。背后是深谷和绵延的山脉,前面极目无垠的原野,脚底下是滔滔大江,地势既险又美。登桐君山极目四望,可以看到富春江烟雨景色。清末梁启超称之为"峨眉一角",而康有为则誉之为"峨眉诸峰不及此奇"。

相传,黄帝时有老者结庐炼丹于此,悬壶济世,分文不收。乡人感念,问其姓名,老人不答,指桐为名,乡人遂称之为"桐君老人"。后世尊其为"中药鼻祖",称此地为药祖圣地。山也以"桐君"命名,县则称"桐庐县"。

桐君山建筑甚早,宋景祐元年(1034年),名臣范仲淹以右司谏秘阁校理知睦州军,上任过桐庐,写有"钟响三山塔,潮平七里滩"的诗句。三山塔为桐君山上桐君塔、船底山上圆通塔和安乐山上安乐塔。桐君塔为县城标志。元丰年间,始建庙于山顶,祀药祖桐君,名桐君祠。

桐君山主要有桐君祠、白塔、四望亭、凤凰亭、竞秀阁等胜迹。

桐君祠是为了纪念桐君老人而建造的,正上方匾额"桐君祠"三字为叶浅予先生所书。位于祠内正中塑像便是桐君,四周的雕塑群以历史年代为顺序,塑出多位中医名家。他们依次是创设望、闻、问、切四诊法的扁鹊,东汉"医圣"张仲景,"外科鼻祖"华陀,晋代著修道炼丹经典《抱朴子》的葛洪,唐代"药王"孙思邈,宋代针灸学家王维一,明代医药学家李时珍,最后一位是中国最早的解剖学家王清任。祠堂内有一方碑文,距今已有800余年历史,记叙了桐君的来历,以及其行医济世的史迹,还描写了桐君山秀丽的风光。

桐君白塔是一座高20米的七级实心塔,也是桐庐县城的一处标志性景观。据《桐庐县志》记载,宋景宗元年曾修葺此塔,明清时期也曾多次修葺过,如今所见的桐君塔是1980年修葺后的模样。在白塔的右边有一口重4000公斤的"百令钟",上面挂满红色祈愿丝带,寄托着人们的美好向往。每到除夕之夜,桐庐乡民便会将此钟敲响108下,钟声敲响之时,方圆百里都能听到,意指除去108个烦恼。"君山晨钟"也成为了桐君山的一处胜景。

桐君山上留有许多摩崖石刻。桐荫问道亭内就有两方石碑，一块是宋代学士杨时所作的《登桐君山》，另一块镌刻着明代大书法家董其昌的《启孙若裘书》。在后山还可看到一块石碑，是南京中医学院教授吴贻谷撰文并书写的《赞桐君》，碑文80个字，高度概括和颂扬了中药鼻祖桐君在山上结庐炼丹、行医采药的功绩。桐君亭内的"药祖圣地"青石碑、"药祖之乡"古牌坊、"中药鼻祖"石碑，都带有其独特的古朴气质，是桐君山中华医药圣地的象征。

富春画苑是中国当代画家叶浅予先生生前居住的地方。富春画苑背靠桐君山，面朝富春江，打开窗户便是景，是一处绝好的吟诗会友之地。富春画苑白墙黑瓦，在绿林的掩映下显得古朴清幽。横额上"富春画苑"四字是叶老亲手所写，笔锋遒劲。两侧有一对龙虎门，左侧题为"迎晖"，右侧为"揖翠"。

诗与桐君山

主讲人：李　龙
推荐书目：《桐君山诗文选》
时　间：2020年7月16日
地　点：桐庐县东门码头

访谈

诗与桐君山

叶　莉：观众朋友们大家好！欢迎收看"'看一本书·游一座城'桐庐名家带你走进桐庐"系列直播。本直播是由桐庐县文化和广电旅游体育局全力打造，由桐庐县图书馆和桐庐县融媒体中心共同策划制作的。我们今天的直播，已经是进行到第五期了。我想先请大家来猜一下，我们今天所处的位置是在哪儿呢？

李　龙："木尽露嶔崟，红尘杂市音。西来天日远，东望白云深。塔影中流见，渔灯半夜沉。烟波竞名利，应负指桐心。"（宋·李仲骧《桐君山》）

叶　莉：欢迎李老师。

李　龙：主持人好。

叶　莉：李老师请入座。给大家介绍一下李老师。李龙老师是桐庐县文艺创作研究中心主任、杭州市历史学会理事、桐庐县诗歌楹联学会会长。刚才，李老师吟诵了一首关于桐君山的古诗。

李　龙：是的。

叶　莉：所以，我想观众朋友们可能也猜到了，我们今天的主题就是"诗与桐君山"。李老师也给我们带来了一本新书。

李　龙：《桐君山诗文选》。

叶　莉：这是您刚刚主编的一本新书，能跟我们介绍一下吗？这是一本什么样的书呢？

李　龙：《桐君山诗文选》，从这个书名大家就可以知道，它是一本关于桐君山的诗歌和文章的集子。因为考虑到收集的诗文不够齐全，甚至可能是挂一漏万的，因此我把它称之为"诗文选"。

叶　莉：在这本《桐君山诗文选》当中，一共收录了多少古诗词和文章呢？

李　龙：我大约理了一下，收集到138位诗人的192篇诗作，4位词人的4首词作，9人的11篇文章，总共是151位作者的207篇作品。

叶　莉：151位作者，207篇作品。您是出于什么样的初衷、想法和目的，要出这本诗文选呢？

李　龙：这个想法其实由来已久。主要的原因：第一，出于宣传我们桐庐地方历史文化的需要。桐庐历史悠久、文化灿烂，被称为"潇洒桐庐"。桐庐的历史非常悠久，如果从方家洲说起，那么就有五六千年历史了；如果从我们今天所在的桐君山说起，那么到目前为止应该有四千四百年的历史了。第二，出于桐庐旅游文化旅游发展的需要。桐庐1979年开发瑶琳仙境景区，当时瑶琳仙境就被称为"全国诸洞之冠"，1989年桐庐又被称为"全国县级旅游之冠"，2014年桐庐被誉为"中国最美县"，2016年，全国的全域旅游创建的现场会又在我们桐庐召开……应该说，这一路走来，桐庐旅游始终走在全国的前列。到2020年的5月6号，桐庐又向世界宣告："桐君山永久免费开放。"应该说，我们桐庐旅游又翻开了新的篇章。

叶　莉：也是出于桐庐旅游文化及旅游的发展需要，这是第二点。

李　龙：还有一个原因，就是作为桐庐县文艺创作研究中心的一员，特别是桐庐的文化单位的工作人员，我有一种责任感，觉得自己有责任把桐庐的诗词文化跟地方文化做好。我们的富春山严子陵钓台非常有名，关于钓台的诗文选，历史上曾经有十多部，而对于我们桐君山的，只出现过一部《桐君山志》。后来，直到前些年才又出现了一本《桐君山》。而《桐君山志》到目前为止，我们只知道这本书的名字，没有人看到过这本书，甚至他的作者孙潼发是哪里人都有不同的说法，有的说是桐庐的，有的说是淳安的。所以考虑到这种情况，我就想，桐君山没有这样一个单独的作品集，或者说没有足够多的作品来支撑这一座对我们桐庐人来说非常重要非常有意义的山，是令人遗憾的。本书的由来也正是出于这样的考虑。

叶　莉：我们一个心中的圣山，也是需要有厚重的积淀来承载它、支撑它。

李　龙：是的。其实我们桐庐县文联、桐庐县文广旅体局、桐庐县档案局，甚至包括我们民间组织，像桐庐县诗词楹联学会跟桐庐县历史文化研究会，大家都有这样的共同心愿，要来做这件事情。所以，桐庐县档案局就会同我们几个人，收集整理并出版了这本书。

叶　莉：我们这个直播系列今天是做到第五期了，其实在我们第二期的时候，我们的《桐庐古诗词大集》也首次提出了桐庐拥有七千四百多首古诗词，而且这个数字近年来是不断地在被更新。今天更加高兴的是，我们桐君山也有一本专门的诗文选了。那么在这本诗文选主要都是分为哪几类呢？我们都知道，桐庐可以说是中国山水诗的发祥地，那么吟咏桐君山的诗词，主要有哪几个类别呢？

李　龙：我简单地把这本诗文选当中的作品分成了几类。第一类是以描写或歌颂桐君山自然以及人文景观为主的；第二类是以歌颂桐君老人的人、事、传说故事，以及他的高尚品德为主的；第三类占了绝大的多数，那就是写记游以及怀古的。写登桐君山或者桐君山怀古之类的，这部分占了绝大多数。

叶　莉：其中有一些比较具有代表性的作品吗？

李　龙：有。元朝俞颐轩有一首："潇洒桐庐郡，江山景物妍。问君君不语，指木是何年。"

叶　莉："潇洒桐庐郡，江山景物妍。问君君不语，指木是何年。"

李　龙：对，这首诗就保留在桐君山的一方小小的摩崖上。

叶　莉：摩崖石刻上。

李　龙：这首诗就是从总体上来写桐君山的。他说的"江山景物妍""潇洒桐庐郡"，是宋景祐元年（1304年）范仲淹提出来的。他一口气写了十首以"潇洒桐庐郡"为第一句的"十绝"。俞颐轩可以说是直接引用了范仲淹"潇洒桐庐郡"这一句，给人一种别开生面的感觉。"问君君不语，指木是何年。"这句把桐君老人的传说故事又写进去了。当然写桐君祠、写桐君白塔这类的诗句也非常多。第二类是以写桐君老人为主的，我觉得有一首诗可以作代表，就是明代孙纲写的《桐君》，直接以"桐君"为题，"夺得一江风月处，至今不许别人分。"我对这一句诗的印象非常深刻。这首诗的前两句是"以桐为姓以庐名，世世代代是隐君"，意也在此"夺得"这两句，桐君山景区把它刻在了亭的柱子上作为对联。虽然这不是严格的对联，但它广有文明，而且很形象、很传神。"夺得一江风月处"，好像把风月最佳处都占领了，"至今不许别人分"，别处无法分享。而这些都离不开桐君，因此他就以桐君为名。

叶　莉：而且我觉得，这两句其实也可以间接地反映出了桐君山的一个位置，它的地理位置也好，或者说在我们桐庐人心目当中的位置也好。

李　龙：那么这两首诗，我前后对照一下，发现它们很有意思。第一首呢，把指桐为姓这件事情放在后面，而孙纲的这一首呢，又把以桐为姓以庐名放到了前面。

叶　莉：放到了前面。

李　龙：他们所表达的意思都围绕桐君山、围绕桐君来写，又稍微有所侧重。

叶　莉：为什么会有那么多吟咏桐君山的古诗词呢？

李　龙：这个原因可能有很多啊，因为桐君山所处的位置非常独特，它在两江交汇的地方。

叶　莉：地理位置。

李　龙：桐君山就一山突起，这个位置很重要。当然还有桐君老人在历史上特别是在中医药学方面的突出贡献，他的"君臣佐使"的处方格律，到目前为止还在使用。其实，我觉得还有一个最重要的原因，那就是它的交通位置。因为桐庐这地方是两江交汇，处在富春江上，钱塘江的中游。我们朝东走往下游走，通过杭州可以出海；而往上游走，我们这边通严州，也就是现在的建德一带，历史上我们也属于严州或者叫睦州，再通婺州也就是金华，再往上通衢州。而通过我们这里还可以到达赣州甚至广东，当年林则徐虎门销烟走的就是这条水路。所以它处在交通要道，非常重要。

叶　莉：交通要道，水利枢纽。

李　龙：尤其是到了南宋定都临安，杭州成了全国政治文化交通中心后，我们桐庐的交通地位就更加突出。而桐君山就恰恰处在这个重要的关节点上。桐庐一直是商旅的必经之地，也是各类货物的集散地。再加上桐君山本身的名气，山形非常的奇特，引得游人纷纷来此，当年梁启超就称桐君山为"峨眉一角"，康有为更说它"峨眉诸峰不及此奇"。桐君山还有两个另外的名称，叫做"小金山"和"浮玉山"。那么为什么叫"小金山"呢？"金山"当然是江苏镇江的金山。

叶　莉：很有名，有一座金山寺。

李　龙：对，上面有金山寺，《白蛇传》的水漫金山就发生在那里。金山有一个最大的特点，或者说跟我们桐君山最大的相似点是什么呢？金山是"寺裹山"，也就是寺院把整座山包裹起来，也是"见寺见塔不见山"，人们看到的都是建筑，看不到山。而历史上我们的桐君山，曾经有一段时间也是如此，所以被称为"小金山"。

叶　莉：就是古代的时候，桐君山上也有很多（建筑）的。

李　龙：是的，有很多的建筑。现在桐君山上建筑也还有不少。主体建筑是桐君祠，然后有桐君塔、四望亭、江天极目阁，往东边还有叶浅予故居和当年的富春画苑，再往东边那就是曾经的三野村，"七里人家三野村"中提到的地方。

叶　莉：嗯。

李　龙：三野村在明清两代，属于巡检司，有相当于现在的交通卡点设在那里，并且有驻军。所以我们回过头再来看桐君山，当年建筑很多也是很正常的。而就从我们这边上去，在还没到桐君祠那里，现在有一个亭子八角亭，叫"凤凰亭"。

叶　莉：凤凰亭。

李　龙：就是凤凰亭，当年还有一个故事。我们民间称它为什么呢？称它为"麦粿亭"。耳光桐庐方言叫麦粿，当年就是根据这个起名的。

叶　莉：这个别称很奇特呀。

李　龙：对啊，人家听到，都觉得很奇特，怎么一个好好的亭子叫"麦粿亭"，什么意思呢？它是不是可以吃的那种米粿啊？

当然不是的。

叶　莉：麦粿，糊麦粿。

李　龙：这说的是民国时候一个饭店老板与县长的故事。县长请客却赖账，饭店老板讨要，被县长打了两个耳光。后来饭店老板委托律师与县长打官司，官司打赢了，县长赔给老板三百大洋。饭店老板就用这三百大洋修了这个亭子。

叶　莉：就是凤凰亭。

李　龙：是的。后来大家就戏称这个亭子叫"麦粿亭"，因为是吃耳光换来的嘛。一个小小的亭子也有这么一个故事，那么上面的桐君祠、四望亭、江天极目阁故事就更多了。

叶　莉：对。

李　龙：就像现在的桐君祠，里面供奉的是桐君老人，但是里面有一点跟其他各地都不同，就是它供奉了中国历史上历代著名中医，济济一堂，全国独一无二。

叶　莉：其实我们桐君山有很多历史文化底蕴在里面的。

李　龙：嗯，对。

叶　莉：所以，我们从历史上流传下来，有那么多古诗词来吟咏桐君山，所以，今天我们才可以有这本《桐君山诗文选》。我们今天是在线直播，现在一共有2648位观众正在收看我们的直播。我们接下来先进行第一轮的送书。

李　龙：好的。

叶　莉：这本书是刚刚出版的一本新书，今天我们一共是要送出10本书，书名是《桐君山诗文选》。第一轮我会先送出5本。

李　龙：好。

叶　莉：这样，李老师您跟观众朋友提一个问题，答对的前5位观众朋友可以获得这本《桐君山诗文选》。

李　龙：观众朋友大家好，今天我们的第一个问题就是：桐君山有两个别称分别是什么？

叶　莉：桐君山的两个别称。其实这个答案好像刚才李老师已经介绍过了。

李　龙：刚才讲到建筑，整个覆在桐君山，就有一个别称出来的啊。

叶　莉：嗯，对。看看有没有朋友知道哈。我们今天第一轮的送书问题就是桐君山的别称，这个别称要说出两个。说出两个且答对的前5位朋友将能够获得由李老师主编的这本《桐君山诗文选》，当然还有李老师的签名。稍后李老师在我们直播之后，会在书上签名，然后我们再把书寄给答对的观众朋友。我们来看一下。有一位朋友"用户—14836552"说"小金山"。

李　龙：对的，还有一个。

叶　莉：还有一位朋友"长了一对大眼睛"，他说"小金山、浮玉山"。

李　龙：这个对的。

叶　莉：对了，还有一个别称是浮玉山。"我要比个小心心"说是"小金山"，"晴天"说是"小金山、浮玉山"，"伊尹"说是"浮玉山、小金山"。正确答案是？

李　龙：" 小金山、浮玉山"两个名称。

叶　莉：刚才我们已经说过了"小金山"的这个名称的来由，那么为什么要叫"浮玉山"呢？

李　龙：浮玉山，其实从形象上来说很简单，就是像一块翠玉浮于绿水之上。我们前段时间水位刚刚上涨了，有的人就说了："呀！发现江面水面上涨的时候，桐君山好像浮起来了，桐君山好像有生命力，它会呼吸一样。"

叶　莉：对，前两天防洪抗汛的时候，有好多朋友就说："呀！桐君山真的是一座会漂浮的山。"我觉得，这个名称也寄予我们桐庐人对家乡对桐君山的热爱，它有生命力。

李　龙：当然，我对浮玉山的理解，除了它的形象之外，桐君山还有另外一种意思在。在天目溪下游，位于天目溪的出江口。天目溪上游是"天目山"，而天目山有个名称就叫"浮玉山"。所以跟前面我们说的"小金山"相似，这里的浮玉山可能跟天目山相关，因为天目山又叫浮玉山，所以我们桐君也称为浮玉山，其实就是小浮玉山。

叶　莉：好的。我已经对我们直播间答对的前 5 位观众进行了截屏，这前 5 位观众将会获得由李老师亲笔签名的也是（由他）主编的《桐君山诗文选》。领取方式，我们将会在明天的桐庐县图书馆公众号当中跟大家公布。我们继续我们的节目。刚才，提到了桐君山和桐君老人，我觉得这个桐君山不仅仅是记载在我们历代文人墨客的诗歌当中，也应该在我们桐庐民间的口口相传当中的。提到桐君山，还有一个不得不提的，就是拥有四千多年历史的桐君中药文化。这也是我们浙派中医非常重要的一个渊源。"悬壶为世人，良药济苍生"的桐君中药文化，并没有随着岁月的流逝而消失，而是更加地深入人心了。今天我们在现场，也非常有幸地邀请到了我们中医药传统文化的代表——桐君堂药业的申屠银洪先生。

申屠银洪：谢谢，谢谢主持人，谢谢李龙老师。

叶　莉：我们桐君堂，是一家以传统药业为产业发展，以古法炮制为传承基础，以特色发酵为创新的优秀企业。它为我们的桐庐经济的发展做出了重要的贡献。申屠银洪先生是省级非物质文化的代表性传承人，杭州工匠，也是中药炮制技能大师。

申屠银洪：桐君堂是以中药饮片为生产主体，也生产其他相关健康产品的一家企业。今天，我带来了两款被称为"非遗"网红的产品，第一个是桐君堂中药香囊，第二个是桐君堂的艾绒垫。

叶　莉：关于我们桐君堂的一大特色，刚才我也介绍了，就是古法炮制。

申屠银洪：是的。

叶　莉：所以这些产品全都是用古法炮制这种传承技艺做出来的，都具有一定的养生功效。

申屠银洪：是的，对的。

…………

叶　莉：谢谢。我们还是回到我们今天的"桐君山与诗"的这个主题当中。刚刚申屠银洪先生表达了对桐君老人的热爱，或者说不仅仅是对桐君老人的热爱，还包含了对整个桐庐的热爱，对桐庐人民的热爱。那么，我想问一下李龙老师，桐君山在你心中是一个什么样的形象？什么样的地位？

李　龙：桐君山很早就听说过，但是第一次看到桐君山我还是到桐庐来。那时候从江南到桐庐要在下杭埠坐轮渡，在那边等轮渡的时候啊，我就在想，对面这座就是桐君山，又低又矮又小。我一边觉得这座山看上去很亲切，但同时又有疑惑：这么普通的一座山，为什么在桐庐人心目当中会有那么崇高的地位？会有那么重要的作用？当坐上轮渡往北行驶，要绕道桐君潭才能到东门头，到达桐君山脚下的时候，原本看起来矮小的桐君山突然变得高大了起来——即使桐君山海拔只有60米。望着兀立的悬崖陡壁，江面上的船就显得特别渺小了。高中时候，学校组织春游，我才第一次真正登上桐君山。那时候我就产生了要了解桐君山，要真正地去体会它所蕴含的文化的想法。到大学的时候，我们再一次选择了到桐君山春游。那时候我就想了，原来桐君山不仅在我们桐庐人心目当中很神圣，在远在百里之外的大城市里面，大学的教授们对桐君山也很神往，要不然也不会选择桐君山作为我们大学期间的春游基地啊。这样，桐君山这座普通的山，在我心目当中也就变得越来越高大起来。

叶　莉：越来越重了。

李　龙：尤其到后来，桐君山上的叶浅予故居成了我们文联下属单位的时候，到桐君山就成了我的工作之一。对于桐君山，我觉得，山体峻拔突兀是其中一方面，更重要的是桐君山与桐君老人的紧密联系。因为桐君山就是因为桐君老人而得名的。桐君老人是黄帝时候的一名医官，按照《黄帝本纪》来推测，到如今已经有四千四百多年历史了。据说他当年受黄帝委派，下来体察民情，走到我们桐君山现在所在的位置的时候，停下了脚步。然后，他就在一棵大梧桐树下结庐而居、炼丹问药、悬壶济世，救助当地百姓，而且分文不取。当地老百姓非常感激，就想问他的尊姓大名，以方便大家永远记住他。但是这位老人却笑而不答，只是指了指后面的桐树。于是人们就将老者称之为"桐君"，意为居住在桐树下的君子，有德之人。他所居住的山就叫做"桐君山"，并且与此相关的，这条溪叫桐溪，也就是天目溪，而富春江在桐庐的这一段就叫桐江。我们现在与之隔岸相望的老桐庐那一区也叫桐君街道。

叶　莉：都是因此而得名。

李　龙：据说富春江中间的桐洲，就是当年桐君老人种中草药的地方。

叶　莉：李老师，其实一天当中，或者说在日常生活当中，我们经常会看到桐君山。那么，在不同的天气的条件下，不同的季节当中，不同的时间段当中，您在看到桐君山的时候，心里会不会涌现出一些吟咏桐君山的诗呢？我们在这本书当中一定会有体现对不对？

李　龙：这本诗文选当中有不少这样的诗。

叶　莉：我们就举两个例子吧！比方说按照季节，有吗？

李　龙：有啊。

叶　莉：如果说看到类似于今天这样的季节的桐君山，您心里会涌现出什么样的诗词呢？

李　龙：姚龙有一首《桐君山》，题目也叫《桐君山》。"晓上桐君宿雾收，岚光苍翠姿夷犹。"意思是早上上桐君山的时候，前天晚上那些雾都逐渐散掉了。还有一句，"古来潇洒称名郡，莫把繁华数汴州"，就是对我们桐庐繁华的生动描写。那是晓上桐君山，那么傍晚或者是晚上会怎么样呢？这里有一首《晚泊桐君山下即景》。这首诗的作者也是我们桐庐人，叫臧槐。民国时期的分水，现在属于桐庐了。臧槐写的是："到此天逾阔，维舟趁晚风。笛声春水碧，帆影夕阳红。"

叶　莉：原来臧槐还夜登过桐君山。

李　龙：前面说到的姚龙就是姚夔的弟弟。

叶　莉：我们直播间里观众就提问，他说："老师，请问古时候的桐君山是怎么样的？"刚才的诗中就有对桐庐最形象的描写，如果大家想更多地了解的话，可以去看这本书。

李　龙：是的。

叶　莉：也有观众在直播间中提问，说如果想要购买这本

《桐君山诗文选》的话，他应该到哪里去买呢？或者在哪可以看到这本书呢？

李　龙：大家可以到新华书店门市部去买，当然也可以到档案馆或者图书馆去问问看。

叶　莉：有一位朋友他说：他对桐君山的描述，就是一句"水上的一颗明珠"，觉得自己很词穷。李老师可以提供一些朗朗上口的诗句，教给大家一些吗？

李　龙：我觉得还是前面说过的那句，"夺得一江风月处，至今不许别人分"。这句话最能表现出桐君山的风光无限和风月无边。

叶　莉：李老师，关于桐君山的这个古诗词，从古至今一直都有，现在，也有一些文学爱好者在写一些关于桐君山关于桐庐的一些散文，如杨东增老师的那一首《桐君山，桐庐的图腾》就非常有名。您觉得我们应该如何去保护好、传承好桐庐的古诗词文化呢？

李　龙：我们第一步先把桐君山相关的诗文选起来，这仅仅是收集整理。其实在收集整理方面，我们桐庐人已经做了很多的工作，特别是宣传部的老干部申屠丹荣老师，从20世纪80年代开始，就收集了大量的桐庐相关的诗文，并且出版了好几部著作；我们桐庐县文联也曾经出版过《品读人文桐庐》，就是把桐庐的风景、人文、历史，也包括诗文中最重要最典型的那些收集出来，并且做了简单的分析。例如，"一折青山一扇屏，一湾碧水一条琴。无声诗与有声画，须在桐庐江上寻。"它把如诗如画的桐庐写得入木三分，让大家看到诗后就记住了桐庐。重要的是这方面的诗歌也非常的多。

叶　莉：嗯嗯。

李　龙：第一步的收集整理是为了让感兴趣的人或者是要学习我们桐庐诗词文化的人提供一种便利，省了收集资料的麻烦和时间。第二步，我觉得还要多学习。（桐庐是）中国最美县，又是中国诗歌之乡，又是浙江四条诗路带中"钱塘江诗路"的核心区域，所以我们生在桐庐这样好的地方，应该熟悉桐庐文化，了解桐庐的古诗词，大家共同来营造一种浓厚的，人人都诵读古诗的氛围。

叶　莉：对。

李　龙：第三，我们还要学会欣赏，把诗歌中的美，带到我们的生活当中。如果我们在生活当中能够把朗朗上口的古诗词背诵几句，那么我们的生活，感觉也会有诗意起来了。

叶　莉：是的。

李　龙：第四，我觉得有兴趣有能力的人，也可以尝试着学习创作古诗词。

叶　莉：嗯。

李　龙：当然，古诗词可以，新诗也可以啊。

叶　莉：新诗也行。

李　龙：在创作过程当中呢，我们会真正地体会到古诗词的博大精深，体会到我们诗词文化的美妙和优秀，从而让我们的生活也充满诗意。

叶　莉：我们接下的第二轮提问，是要留给观看节目回放的观众朋友们。能够答对问题的朋友，我们会赠送5本由李老师主编的《桐君山诗文选》。同时，我们还要赠送给大家桐君堂提供的香囊一份。这个问题相对来说简单一点。如果说今天是把我们的直播整场看下来的话，我觉得有关于桐君山的这个诗词大家也能够吟诵得上来几首了。

李　龙：嗯。

叶　莉：我们这个问题就是，请大家来说出您所知道的有关于吟咏桐君山的古诗词，完整地说出一首。桐君山，我觉得在我们桐庐人心目当中是一种寄托，"远离有思，归来有情"。今年的5月6号，刚才李老师也是提到过了，我们桐君山将永久性地面对世界免费开放。桐君山重展新颜，这也是见证了我们桐庐人要开创潇洒转型跨越绿色崛起新境界的决心。通过这一轮直播，我们向大家推荐了5本书籍，从第一期的《诗说桐庐》，到《桐庐古诗词大集》《桐庐石刻碑志精粹》《桐庐味道》，和我们今天推荐的《桐君山诗文选》，这一系列书籍的问世推广，让我们大家又重新认识了我们桐庐，重新认识了我们的古诗词文化，展现出我们桐庐的独特魅力。也希望能够借此、借这样的直播、借这样的一些书籍，能够让我们桐庐人，能够更好地爱自己的家乡，也让我们桐庐能够得到更好的发展。

李　　龙：是的。

叶　　莉：感谢李老师，我们"'看一本书·游一座城'桐庐名家带你走进桐庐"系列直播到这里就要全部结束了。《诗说桐庐》的作者董利荣老师，《桐庐古诗词大集》的主编王樟松老师，《桐庐石刻碑志精粹》的主编吴宏伟老师，《桐庐味道》的主编周保尔老师，以及我们今天《桐君山诗文选》的主编李龙老师，感谢各位老师来参与我们的节目，为我们带来的介绍桐庐的优秀图书。也感谢我们观众朋友的热情支持，还有我们辛苦的工作人员。我们所有的这个直播系列到这里就告一个段落了。感谢各位朋友们，再见！

后　记

"诗乡画城·潇洒桐庐",桐庐是一座被古诗韵律萦绕的山水之城,一方被诗词歌赋浸润的潇洒之地,一处被文人墨客追寻的精神家园。

《书韵桐庐》一书,是桐庐县图书馆人在文旅融合大背景下的服务延伸,是在2020年疫情后创新全民阅读活动形式的成果展示,是对省委提出"钱塘诗路文化带"建设的积极响应。

《书韵桐庐》是对"'看一本书·游一座城'桐庐名家带你走进桐庐"直播系列活动的收集和整理,系列介绍了董利荣老师的《诗说桐庐》、王樟松老师的《桐庐古诗词大集》、吴宏伟老师的《桐庐石刻碑志精粹》、周保尔老师的《桐庐味道》,以及李龙老师的《桐君山诗文选》。我们通过线上访谈的形式,以"唐诗西路文化"为中心,以桐庐诗词文化为主,茶、画、碑、民俗、桐君山文化为辅，大力推广桐庐文化，目的是为了让更多的人了解桐庐这座"诗画"之城，激发大众的探索之心，为促进我县旅游业的发展，提升我县经济水平做出努力。

在此，要感谢上述五位老师的积极参与，感谢主持人叶莉和台前幕后的工作人员对"'看一本书·游一座城'桐庐名家带你走进桐庐"直播系列活动所倾注的心血，感谢对《书韵桐庐》的出版和问世给予大力支持和帮助的各界人士，感谢文旅中国、神州艺术网、搜狐网等媒体平台的大力宣传。是你们的努力，才有了这本书顺利面世。

本书在收集和整理的过程中，对访谈实录进行了适当编排和取舍，使其主要围绕"看一本书·游一座城"这一主题展开。尽管经过多次修改，但由于水平所限，恐仍有疏漏之处，敬请读者批评指正，以帮助我们继续改进。

《书韵桐庐》编委会
2021 年 11 月